W0329584

Jana Haas und Peter Michel

Seelenbewusstsein in der Neuen Zeit

Inhalt

Vorwort

In der faszinierenden Götterwelt der alten Griechen gab es eine Gestalt, die erstaunlich wenig Beachtung gefunden hat, obwohl ihr Einfluss sich bis in die Gegenwart erstreckt: Kairos – der Gott der guten Gelegenheit! Er wird als Gestalt mit einem Bartschopf dargestellt. Daher kommt der Ausspruch: Das Glück beim Schopfe packen!

Heutzutage gilt KAIROS als der glückliche Moment, in dem alle Aspekte vollkommen zusammenpassen. Der Gedanke an die alten Mythen kam uns in den Sinn, als wir nach Abschluss unseres Dialoges zurückblickten, wie wundersam sich alles gefügt hatte.

Im Spätsommer hatten wir ein erstes Treffen, in dem wir überrascht feststellten, wie gut die „Chemie zwischen uns stimmte". Es gab viele wunderbare Berührungspunkte, die wir früher nie festgestellt hatten, obwohl wir uns bei unterschiedlichen Veranstaltungen schon mehrfach getroffen hatten. Da war Kairos noch nicht zur Auswirkung gekommen. Doch in diesem Sommer haben wir ihn am Schopf gepackt!

Im tiefsten Winter trafen wir uns dann zu unserem Dialog. Wir sprachen, während draußen ununterbrochen die Schneeflocken fielen. Wahrscheinlich war unser Treffen in der Schweiz sogar 'illegal', weil es einen scharfen Lockdown gab. Das störte uns aber nicht, weil wir uns von wunderbaren Mächten getragen fühlten, um es in der Sprache der Dichter zu sagen.

Wir hatten keine Vorstellung, wie unser Dialog verlaufen würde – wir ließen uns einfach darauf ein, was geschehen würde. Und es geschah in Spontaneität und liebevoller Harmonie. Wir mussten nichts absprechen, wir mussten kein Konzept erstellen – wir folgten dem Strom der Gedanken. Manchmal sprachen wir mehrere Stunden ohne Pause, um die Inspiration nicht zu unterbrechen. Es war ein DIALOG im tiefsten Sinne des Wortes. Der Geist schien durch die Worte hindurch.

Mit dem nachstehenden Text legen wir unsere Gespräche all denen ans Herz, die dafür Interesse zeigen. Wir hoffen, dass sie den einen oder anderen Lichtfunken übermitteln mögen, um die Botschaft der Liebe überall hinzutragen. Jene Liebe, in der wir alle miteinander verbunden sind.

Mit vielen guten Wünschen

Jana Haas   Peter Michel

1.

Krisenzeiten sind immer auch Zeiten der Mystik

Jana Haas (JH): Wir leben in herausfordernden Zeiten. Zugleich sind diese Tage und Monate auch Zeiten der Einkehr, des Weges nach innen: Krisenzeiten sind Zeiten der Mystik. Aus diesem Grund haben Peter Michel und ich uns zusammengesetzt, um über mögliche „Wege nach innen“ zu sprechen; über einen Zugang zu unseren göttlichen Seelen.

Es geht um Mystik und um Mysterien. Je weniger Verlässlichkeit und Halt wir im Äußeren finden, umso wichtiger wird die Verlässlichkeit und der Halt im Inneren. In uns allen liegt die ewig gültige Philosophie des Lebens und die Liebe in unserem Herzen. Wir können zwar nicht darüber bestimmen, was im Leben an Herausforderungen auf uns zukommt, aber wir können immer darüber bestimmen, wie wir mit diesen Herausforderungen umgehen – mit Weisheit oder in Panik!

Ich denke, ein Philosoph wie Peter Michel kann uns auf diesem Weg vielleicht den einen oder anderen guten Rat geben; denn für mich bist Du, lieber Peter, gewissermaßen eine „lebendige Bibliothek“!

Peter Michel (PM): Oh! Lebendig ist schon einmal eine gute Grundlage!

JH: Wenn Du, ganz allgemein gesprochen, den Begriff der „Mystik“ betrachtest, was würdest Du darüber sagen?

PM: Ich möchte die Antwort auf diese Frage mit einem Aspekt unserer Verlagsarbeit beginnen: Ein Buch ist für mich ein gutes Buch, wenn es über sich selbst hinausweist und zu einer inneren Erfahrung verhilft! Da unsere Buch-Programme ja weitgehend die Bereiche Spiritualität, Mystik oder Lebenshilfe umfassen, ist im Grunde genommen jedes Buch auch eine Art „Wegweiser nach innen“, wobei das „innen“ nichts anderes bezeichnet als das, was Du „Seelenbewusstsein einer Neuen Zeit“ nennst.

Wir leben in einer historischen Epoche, in der das Intellektuelle, wohlgemerkt nicht die Intelligenz, sondern der Intellekt, sehr stark im Vordergrund steht. Alles wird auf dieser mentalen Ebene diskutiert, und hier fallen auch die Entscheidungen. Ich lehne das Mentale keineswegs ab, denn es hat auf seiner Ebene seine volle Berechtigung; aber es geht uns dadurch etwas verloren, was ich „Herzensweisheit“ nennen möchte. Gerade in der Gegenwart wären jene Einsichten, die aus der Herzensweisheit entspringen, von überragender Bedeutung.

Ich möchte an dieser Stelle herausheben, dass ich das spirituelle oder mystische Leben, welches die Weisheit des Herzens hervorbringt, nicht in einer fernen Antike oder im Mittelalter ansiedele, denn wir haben heute ein anderes geistiges Erleben als zurzeit des Pythagoras oder eines Meister Eckharts. Was natürlich die überragenden Verdienste dieser Großen im Geiste in keiner Weise schmälert. Doch heute findet in den meisten Lebensentwürfen Spiritualität nicht mehr im Kloster oder in einem Ashram statt, sondern wir sind mitten in der hektischen Welt des 21. Jahrhunderts verortet. Es muss uns heute gelingen, einen Zugang zur Stille unseres Herzens zu finden, während wir gleichzeitig die Herausforderungen des Alltags zu meistern haben.

Wer heute keinen Zugang zu seinem eigenen „Seelenbewusstsein“ mehr findet, der wird von den Stürmen des Lebens furchtbar durchgeschüttelt. Nur die festverwurzelte Eiche kann Widerstand leisten, während die dürren Fichten reihenweise geknickt werden. Vielleicht war die innere Verankerung in der eigenen Seele nie wichtiger als in der Gegenwart.

JH: Wenn wir vom „Seelenbewusstsein“ sprechen, dann ist es mir überaus wichtig, hier klar zu betonen, dass die mystische Kraft, die daraus erwächst, außerhalb aller religiösen Dogmen liegt. Die tiefsten Erfahrungen, die wir in unseren göttlichen Seelen machen

> Die tiefsten Erfahrungen, die wir in unseren göttlichen Seelen machen dürfen, sind völlig frei von jeglichen religiösen Einschränkungen.

dürfen, sind völlig frei von jeglichen religiösen Einschränkungen.

Jene mystischen Erfahrungen, die in der Vergangenheit bestimmten religiösen Anschauungen zugeordnet waren, dienen uns heute nur noch als Anregung. Jede Zeit der Geschichte hatte ihre Regeln und Vorgaben, die damals auch das spirituelle Leben mitbestimmten. Heute jedoch, im Zeitalter der Freiheit, müssen wir verstehen, dass wir über alle Dogmen und Vorschriften hinauswachsen dürfen. Wir haben inzwischen erkannt, dass es nicht nur *einen* Weg zu Gott, zur Göttlichen Allliebe gibt, sondern so viele Wege, wie es Menschen auf dieser Welt gibt. Jeder Mensch geht seinen absolut einzigartigen Weg auf der Suche nach Gott.

Heute jedoch, im Zeitalter der Freiheit, müssen wir verstehen, dass wir über alle Dogmen und Vorschriften hinauswachsen dürfen.

Es ist eine Absicht unseres Gedankenaustausches, jeden Menschen in seiner individuellen Suche zu stärken und zu inspirieren. Mystik ist und war immer die erfahrbare Verbundenheit mit der Göttlichkeit. Sie war aber nicht völlig unabhängig vom gesellschaftlichen Gesamtbewusstsein. Wie siehst Du die Entwicklung der Mystik von der Vergangenheit bis zur Gegenwart? Was macht eine lebendige mystische Erfahrung im Jetzt aus?

PM: Wenn wir erst einmal bei der abendländischen Tradition bleiben wollen, dann machen wir uns einmal die Mühe und schauen 2000 Jahre zurück. Erstaunlicherweise gab es am Anfang der christlichen Tradition einen großen Freiraum. Bei den Jüngern Jesu oder den Christen der ersten Generation gab es ja keine dogmatischen Vorgaben. Es gab praktisch keine Vorschriften, es gab nur ein ganz einfaches religiöses Gemeinschaftsleben, das vielfach, aufgrund der äußeren Bedrohung, im Verborgenen stattfand. Es gab ursprüngliche Formen eines Gottesdienstes, eines Zusammenkommens, um sich an das zu erinnern, was Jesus gelehrt hatte. Bemerkenswerterweise waren zur damaligen Zeit Männer und Frauen der frühen Gemeinden weitgehend gleichberechtigt. Das Urchristentum war eine ungemein faszinierende Form tiefer Spiritualität.

Dann wird das Christentum ab dem 4. Jahrhundert Staatsreligion – und es setzt die Entwicklung ein, die wir alle aus der Geschichte kennen. Dabei wollen wir Frauenfeindlichkeit, Kreuzzüge und Inquisition gar nicht ausführlich thematisieren. Im 20. Jahrhundert beginnt dann allmählich etwas Neues: Mit der „Leben-Jesu-Forschung" und den immer stärker werdenden Zweifeln an der orthodoxen kirchlichen Lehre wächst eine neue Freiheit heran. Bedauerlicherweise unterbrochen von zwei schrecklichen Weltkriegen, erlangt das spirituelle Leben seine völlige Freiheit wieder. Nachdem die äußere Not nach den Kriegen überwunden war, entfaltete sich, vor allem nach 1968, eine religiöse Freiheit, wie es sie, abgesehen von den geschilderten Anfängen, in den christlich geprägten Kulturen nie gegeben hat. Im 21. Jahrhundert hat de facto jeder Mensch die freie Wahl, wie er sein spirituelles, sein religiöses Leben gestalten will.

Ich kann das vielleicht an einem Beispiel exemplarisch verdeutlichen: Der XIV. Dalai wird inzwischen als Redner auf christliche Kirchentage eingeladen. Am Anfang des 20. Jahrhunderts wäre das noch eine undenkbare Vorstellung gewesen! Heute ist das nahezu selbstverständlich. Wenn man Einzelne befragt, so sagen sie zwar noch immer, sie seien Christen, Buddhisten, Muslime oder Juden – oder was auch immer –, aber wenn man nachfragt, finden sie auch jene religiösen Lehrer oder diese mystische Erfahrung einleuchtend und überzeugend. Die sind aber alle weit außerhalb ihrer orthodoxen Lehren. Trotzdem finden sie diese überzeugend und gliedern sie in ihr eigenes spirituelles Leben ein. Diese Vorgehensweise macht ihre längst inter-religiöse Überzeugung aus – und sie finden das alle ganz natürlich.

Wenn man heute in der abendländischen Gesellschaften schaut, dann gibt es da buddhistische Meditationsformen, alle Arten von Hatha-Yoga oder Versenkungstechniken mit hinduistischen Mantras, die alle gar nichts mehr mit dem Christentum der Amtskirchen zu tun haben.

JH: Das ZEN ist eine weitere Form.

PM: Genau; und wenn man diese Entwicklung nach dem Dogmen-Lehrbuch betrachtet, dann ist das natürlich total heterodox. Doch es ist wunderbar! Es ist eine beglückende Entwicklung hin zu einer neuen religiösen Freiheit, zu einem neuen „Seelenbewusstsein", wie wir sie in dieser Breite noch nie in der Menschheitsgeschichte hatten.

JH: Deswegen bis ich so außerordentlich dankbar, dass ich in dieser Zeit inkarniert bin.

PM: Das geht mir genauso.

JH: Ich empfinde es als sehr beglückend, die ganze Vielfalt der westlichen und östlichen Traditionen in mein Leben integrieren zu können. Wir haben alle die Möglichkeit, die Augen zu schließen, nach innen zu schauen, zur Ruhe zu kommen und uns dem Göttlichen zuzuwenden. So entfaltet sich schrittweise eine wundervolle Friedfertigkeit im Bewusstsein. Können wir nicht jedem Menschen zutrauen, diesen Weg zu gehen?

Wir haben alle die Möglichkeit, die Augen zu schließen, nach innen zu schauen, zur Ruhe zu kommen und uns dem Göttlichen zuzuwenden.

PM: Jedem Menschen steht der Weg in die Unendlichkeit offen, oder, mit Meister Eckhart gesprochen, in jedem Menschenherzen liegt der göttliche Seelenfunken verborgen, in dem unser unzerstörbares göttliches Erbgut ruht. Aufgrund dieses Seelenfunkens ist jedem Menschen die Verbindung mit dem URSPRUNG möglich.

Im Zusammenhang mit der mystischen Erfahrung möchte ich eine Qualität besonders hervorheben – das Geschehenlassen. Es geht auf dem Pfad der Mystik nicht um Machen. Der mystische Pfad hat ganz viel mit Demut und Hingabe zu tun; und die führen letztlich zum Geschehenlassen. Ich bin überzeugt, dass dies das große Geheimnis und das große Geschenk von Mystik ist – sie ist nicht manipulierbar!

Wenn also irgendwelche Pseudo-Apostel oder Pseudo-Gurus daherkommen und für viel Geld die „13 Regeln zum absoluten Glück“ verkaufen wollen, dann weiß ich schon: Das sind Scharlatane! So kann es sicher nicht sein, weil jeder andere Regeln befolgt, die ihm oder ihr wichtig sind. Es ist zwar für alle richtig, zuerst nach innen zu gehen und die Außenwelt zurückzulassen, aber in dem Augenblick, da jemand den Geistigen Pfad betritt, ist jeder auf seinem. Wie Krishnamurti so schön sagte: „Die Wahrheit ist ein pfadloses Land.“ Für jeden Einzelnen erschließt sich der Weg erst in dem Moment, wo er den ersten Schritt macht.

„Die Wahrheit ist ein pfadloses Land.“

JH: Sobald der erste Moment der Versenkung eintritt, lässt man den Lärm und das Getöse der äußeren Welt zurück. Man gewinnt Abstand!

Das bedeutet jedoch nicht, dass man auf dem spirituellen Weg und durch eine mystische Erfahrung die Außenwelt, also seinen Beruf, seine Beziehungen, seine Kinder, die Natur oder die Verantwortung für die Schöpfung, zurücklässt. Dies alles bleibt erhalten.

Meine eigenen mystischen Erfahrungen sind in keiner Weise religiös geprägt gewesen. Ich bin in der ehemaligen Sowjetunion im Atheismus aufgewachsen. Als ich später in den Westen kam und mich mit meinen spirituellen Erfahrungen auseinandersetzte, hatte ich einen völlig unvoreingenommenen Blick auf die geistigen Welten.

PM: Das ist wertvoll. Du musstest Dich so nicht erst durch die astralen Bilderwelten hindurcharbeiten.

JH: Ich musste so nicht viele Irrtümer erst einmal hinter mir lassen oder sie transformieren. Mein Zugang zur göttlichen Welt erschließt sich durch meine Hellsichtigkeit; und meine mystischen Erfahrungen haben praktisch schon mit meiner Geburt begonnen, weil ich als Frühchen schon in meinem ersten Lebensjahr durch Herzstillstände mehrere Nahtod-Erlebnisse hatte. In Kasachstan hatte ich dann eine weitere Nahtod-Erfahrung, als ich beinahe ertrunken wäre. Nachdem ich den Kampf gegen das Ertrinken, gegen das Sterben aufgegeben und meinen kalten Körper nicht mehr gespürt hatte, erlebte ich mich in meinem Seelenbewusstsein im reinen LICHT. Es war unglaublich hell. Es war unglaublich warm. Ich sah auf einem Lichtstrahl den Lichtweg zum Göttlichen Bewusstsein. Es war ein unbeschreibliches Erlebnis, bedingungslos geliebt zu werden und nach Hause zu kommen. In diesem Moment habe ich vollkommene Freiheit gespürt.

Das Geschehen der Welt kommt irgendwie zum Stillstand. Meine Familie saß da irgendwo und bemerkte gar nicht, dass ich ertrank, dass ich im Begriff war zu sterben. Das Verlassen der Erdenwelt hat mir in diesem Moment gar nichts ausgemacht. Es herrschte nur absoluter Friede. In diesem Augenblick, als ich auf das Licht zustrebte, gleichsam in kindlichen Schwimmbewegungen, da stellte sich plötzlich ein Lichtwesen vor mich; und in seinem Licht wurde mir schlagartig bewusst, dass meine Zeit noch nicht gekommen war. Ich wollte das nicht akzeptieren, denn ich wollte in diese göttliche Sphäre. Gleichzeitig lief vor meinem inneren Auge eine Art Film mit meinem Lebensplan vor mir ab.

Als ich den Film verstand, wusste ich unmittelbar, dass ich zurückkommen musste. Und dann erlebte ich ein Wunder. Mit einer ruckartigen Bewegung wurde ich aus dem Licht zurückgezogen, und meine Seele kehrte in den Körper zurück, in die Kälte, in die Schwere und in den Schmerz.

Ich spürte die Schwere. Ich spürte Steine unter meinem Körper, und mit letzter Kraft krabbelte ich aus dem Wasser. Ich spuckte Wasser und wurde mir damals mit meinen sechs Lebensjahren bewusst, wie sich der Tod anfühlte. Das war ein schockierendes Erlebnis; doch gleichzeitig überkam mich das tiefe Wissen: Du kannst nie tiefer fallen als in Gottes Hände!

Du kannst nie tiefer fallen als in Gottes Hände!

Ich wusste in diesem Augenblick, dass für meine Seele immer gesorgt war. Das hat mir den Zugang zu einer inneren Gewissheit geöffnet. Ich habe nie wieder an der göttlichen Gnade und an der Richtigkeit des Lebens gezweifelt. Alles war gut und gerecht.

Mit dieser wunderbaren Nahtod-Erfahrung hat mein Weg als Mystikerin begonnen. Ich bin mir sicher, dass ich mit diesem Erlebnis etlichen Menschen aus dem Herzen spreche. Es schenkt mir noch heute Seelenfrieden, wenn ich mit den Herausforderungen des Lebens konfrontiert werde.

Gibt es auch in Deinem Leben solche Schlüsselerlebnisse, die Deinen spirituellen Weg geprägt haben?

PM: Es gibt verschiedene; aber ich möchte vielleicht zwei als besonders prägend herausgreifen. Das eine fand in einem Alter von sechs oder sieben Jahren statt. Wir wohnten damals am Stadtrand von Hannover und hatten einen kleinen Wald vor dem Haus, den Benther Berg. An einem Wintertag, alles war tief verschneit, ging ich mit meinem Vater in diesen Wald hinein. Ich zog noch einen Schlitten hinter mir her, als ich in einem Augenblick mit dieser Winterwelt völlig eins wurde. Es gab keinen Unterschied mehr zwischen diesem verschneiten Wintermärchenland und meinem innersten Wesen. Es lässt sich kaum angemessen in Worte kleiden. Diese Erfahrung liegt jetzt rund sechzig Jahre zurück, aber sie ist so präsent, dass ich sie jederzeit abrufen kann.

Das andere Erlebnis, das ich nennen möchte, ereignete sich in der Meditation und in der Zeit danach. Es war eine außerkörperliche Erfahrung, die mit einem Umhülltsein von der Göttlichen Gegenwart und absoluter Glückseligkeit einherging. Es ist vielleicht das gewesen, was im Yoga *Sat-chit-ananda* genannt wird,

Sein-Bewusstsein-Glückseligkeit. Solche Berührungen mit einer höheren Wirklichkeit tragen einen durch alle Lebenskrisen.

Interessanterweise haben wir im Aquamarin Verlag vor einigen Jahren ein Buch herausgegeben, das den Titel „Früher wusste ich alles“ trägt. Es enthält Erfahrungsberichte von Menschen, die heute sechzig, siebzig Jahre oder noch älter sind und sich an ein Erlebnis erinnern, als sie fünf, sieben oder neun waren. Sie ähneln jenem, das ich selbst erleben durfte; und diese Menschen erzählten einhellig, dass diese Erlebnisse sie durch alle Krisen ihres Lebens getragen hätten.

Man hat in solchen glücklichen Momenten eine Verbindung oder Anbindung an eine göttliche Wirklichkeit, an das Seelenbewusstsein. Man ist mit allem verbunden und in einer absoluten göttlichen Liebe geborgen. Diese Erfahrung wird man nie vergessen!

> „Es gibt Ex-Kommunisten, es gibt Ex-Faschisten, es gibt Ex-Sozialisten und weitere Ex-Irgendetwas; aber es gibt keine Ex-Mystiker. Die mystische Erfahrung ist unumkehrbar.“

Es gibt einen Satz des großen Religionsphilosophen Raimon Panikkar, der wahrscheinlich als einziger Mensch ordinierter Priester der Katholischen Kirche und des Hinduismus war. Er sagte einmal den Satz: „Es gibt Ex-Kommunisten, es gibt Ex-Faschisten, es gibt Ex-Sozialisten und weitere Ex-Irgendetwas; aber es gibt keine Ex-Mystiker. Die mystische Erfahrung ist unumkehrbar." Diese innere Verwandlung, diese Geborgenheit in Gott, geht nie verloren. Daher gibt es keine Ex-Mystiker.

JH: Können wir noch einen Blick auf die „freie Spiritualität" werfen? Sie ist ja nicht gegen traditionelle religiöse Wege gerichtet, setzt sie aber auch nicht voraus.

PM: Das ist richtig.

JH: Es geht ja stets um den inneren Weg zu Gott, zur Allliebe. Welchen Namen man auch immer wählen mag; jeder ist frei in seiner Wahl. Spiritualität hingegen, wie wir sie beschrieben haben, kann nicht auf einem blinden religiösen Glauben traditioneller Art beruhen. Sie basiert ausschließlich auf authentischen, ganz persönlichen mystischen Erfahrungen. Es geht darum, mit einer höheren Kraft verbunden zu sein, sich von einer höheren Kraft getragen zu fühlen. Wer so fühlt, gelangt über ganz feine Empfindungen schrittweise in seine Seelenebene und vermag so das Leben aus der Herzensweisheit heraus zu betrachten. Allerdings müssen jene weisen Menschen, die aus ihrer Sanftmut heraus leben, achtsam sein in unserer sehr weltlich-rationalen Welt. Es kann ihnen leicht widerfahren, dass sie unterschätzt werden.

Es geht darum, mit einer höheren Kraft verbunden zu sein, sich von einer höheren Kraft getragen zu fühlen.

Weisheit ist eine außerordentliche Stärke, keinesfalls eine Art Naivität. Ein Unwissender reagiert bei Konflikten auf bösartige Weise. Ein Wissender, ein Weiser versteht. Hier treffen wir auf eine einzigartige emotionale Intelligenz, die bei der Mystik ja im Mittelpunkt steht. Die mystische Versenkung, in der Meditation oder in der Natur, muss nicht einmal im gewohnten Sinne eine „Grenzerfahrung" sein, wie ich sie damals erlebt habe. Auch Hellsichtigkeit, die ja meist mit einer Aufgabe verbunden ist, muss nicht eintreten. Diese Aspekte sind zum Erlangen von innerem Wissen und Weisheit nicht erforderlich; denn auf dem spirituellen Weg heißt es doch immer: „Alle Antworten liegen bereits in dir!" Das unbewusste Wissen um diese Antworten ist geradezu die Voraussetzung, damit wir uns „auf den Pfad" begeben. Die daraus entstehenden Fragen finden ja hilfreiche Antworten und Inspirationen – auch von anderen Weisen der Geschichte. Innen und außen sind auf dem spirituellen Weg zum Allwissen und zur Allliebe beide berechtigt. Mystik ist ein Weg nach innen und zugleich ein Weg zum Selbst- oder Ur-Vertrauen.

„Alle Antworten liegen bereits in dir!"

Ist in Deinem Leben diese Anbindung an die „innere Quelle" nicht auch eine entscheidende Kraft, um Deinen Alltag zu meistern?

Demut ist eine Schwester der Sanftmut.

PM: Ganz ohne jeden Zweifel! Ich würde Deinen Worten vielleicht noch eine weitere Qualität hinzufügen: Demut.

Demut ist eine Schwester der Sanftmut, von der Du sprachst. Interessanterweise steckt in beiden „Mut“.

Ich glaube, die Demut ist ein untrügliches Zeichen für die Echtheit einer Verbindung mit dem Göttlichen. Sie ist gewissermaßen ein naturgemäßes Resultat einer wahrhaften Gottes-Erfahrung. Sie entsteht aus dem Wissen um die Ungeheuerlichkeit der Unendlichkeit. Selbst Unendlichkeit ist nur ein ungenügendes Wort, um das Erfahrene zu beschreiben.

Wir wissen jetzt zwar, dass wir diesen „göttlichen Funken“ in uns tragen, aber wir wissen auch, poetisch formuliert, dass wir nur ein „Staubkorn im Universum“ sind. Diese Erfahrung lässt mit der Demut zusammen auch eine tiefe Bescheidenheit wachsen. Man vermeint keinesfalls, alle Weisheit der Welt zu besitzen und alle Fragen beantworten zu können.

Die wirklichen, wahren Mystiker sind gerade nicht diejenigen, die auf großen Bühnen stehen und ihren begeisterten Zuhörern sagen: „Leute, es geht links oder rechts lang!“ Sie suchen eher die Verborgenheit und das Gespräch unter vier Augen, um dann vorsichtig zu formulieren: „Es könnte dieses oder jenes sein.!“ Ich mag in diesem Zusammenhang den berühmten Satz aus dem Taoismus: „Wer es hat, der sagt es nicht; und wer es sagt, der hat es nicht!“

„Wer es hat, der sagt es nicht;
und wer es sagt,
der hat es nicht!“

Du wirst selten echte Mystiker in der großen Öffentlichkeit antreffen. Die mystische Begegnung findet im Kleinen statt. Jesus hat einmal gesagt, wo zwei oder drei in seinem Namen versammelt seien, da sei er mitten unter ihnen. Ich glaube, das war eine konkret gemeinte Zahl. Er wollte sie deutlich von 200 oder 300 unterschieden wissen. Diese kleine Zahl bietet die Gewähr, dass sich der „spiritus mysticus" entfalten kann. Er zeigt sich nicht im Lärm und in der Menge.

Die mystische Begegnung findet im Kleinen statt.

Dann hattest Du mich noch danach gefragt, wie man den mystischen Weg im Alltag leben kann. Das ist in der Tat nicht einfach, weil der mystische Weg nach innen geht, in die Stille. Und er möchte auch in dieser Stille verbleiben. Daher tut sich der Verleger Peter Michel manchmal schwer, auf die Buchmesse zu gehen, auf diesen riesigen Rummelplatz der Eitelkeiten, um dann über 3% mehr Rabatt zu diskutieren. Damit hatte ich in den ersten Jahren große Schwierigkeiten. An den ersten beiden Messetagen habe ich mich stets sehr schlecht gefühlt. Auf der Messe in Frankfurt trifft man auf eine Energie, ich könnte auch das Wort Schwingung verwenden, die mit meinem innersten Wesen gar nicht harmoniert. Ich musste es mir über Jahre erarbeiten, um dort bestehen zu können und die weltlichen Aspekte des Verlagswesens zu meistern. Heute gelingt mir das zumeist problemlos, aber wenn ich die Wahl habe, dann ziehe ich solche Dialoge im Privaten, wie jetzt hier mit Dir, natürlich deutlich vor. Ich habe auf der Buchmesse noch nie einen „Spirit" verspürt, außer vielleicht in einigen ganz wenigen Begegnungen mit zukünftigen Autoren oder Autorinnen.

JH: Das kann ich sehr gut verstehen. Ich erlebe das so, wenn ich auf die Bühne gehe und vor Hunderten Menschen spreche. Ich spüre dann meine „Anbindung“, wenn ich aus der Demut und Liebe heraus versuche, eine Botschaft zu übermitteln. Es geht ja dort nie um mich, sondern um die „Botschaft der Liebe“, die ich weitergeben möchte. So entsteht innerhalb eines solchen Vortrages eine Atmosphäre, die von der Geistigen Welt erzeugt wird, in der die Liebe direkt in die Herzen der Menschen strömt. Wer sich dieser Kraft öffnet, der hat das Gefühl, wahrhaft „nach Hause“ gekommen zu sein. Das geschieht auch bei großen Zuhörerschaften. Ich glaube sogar, es kann auch jetzt – durch dieses Buch vermittelt werden.

Ich kann Dir voll zustimmen, was das Weltliche anbelangt. Auch ich musste lernen, auf die Welt einzugehen und zugleich einen gesunden inneren Abstand zu halten. Das ist eine tägliche Disziplin erfordernde Übung. Je mehr aber mein Ur-Vertrauen wuchs, je mehr mir bewusst wurde, welche Fähigkeiten ich habe, je mehr innere Sicherheit und Gelassenheit entstanden, desto mehr Freude erwuchs auch an der irdischen, materiellen Welt, durch die wir uns ja wahrnehmen.

> „Je feingeistiger du wirst, desto geerdeter musst du auch werden!“

Schon früh in meinen Erfahrungen in Beziehungen oder in der Natur übermittelten mir die Engel als eine der ersten Botschaften: „Je feingeistiger du wirst, desto geerdeter musst du auch werden!“

Erdung hat auch ganz viel mit Vertrauen in die eigene Herzenskraft zu tun. Gelebte Spiritualität und gelebte Liebe aus der spirituellen Welt heraus steht für mich überhaupt nicht im Widerspruch zur materiellen, irdischen Sphäre. Ich spüre ohne jeden Zweifel, in ruhigen wie auch in turbulenten Zeiten, dass die Liebe meine Welt zusammenhält. Besinne ich mich auf diese Liebe, dann denke und handele ich konsequent und lösungsorientiert. So fühle ich mich im Leben immer handlungsfähig.

Besinne ich mich auf diese Liebe, dann denke und handele ich konsequent und lösungsorientiert.

PM: Du hast das Wort „Beziehung“ hervorgehoben, dem ich noch das Wort „Begegnung“ an die Seite stellen möchte, was mir besonders am Herzen liegt. Wenn man heute über Mystik oder über mystisches Erleben spricht, ist ja vorrangig die Begegnung eines Ich mit einem Göttlichen Gegenüber gemeint. Das Ursprüngliche der Mystik ist ja das Zurückweisen oder Ausschließen einer Außenwelt, um auf einer inneren Ebene den Kontakt zu einer höheren Wirklichkeit zu suchen. Das ist der klassische Weg: Die innere Erfahrung des Göttlichen. Diese Erfahrung ist ein Geschenk, weil das Göttliche sich dir liebend zuneigt. Es ist gewissermaßen deine individuelle Gottesverwirklichung.

Diese Erfahrung ist ein Geschenk, weil das Göttliche sich dir liebend zuneigt.

Dazu möchte ich jetzt einen Gedanken bringen, der von Martin Buber stammt, dem großen jüdisch-christlichen Schriftsteller, der über all das, was wir gerade besprochen haben, tiefsinnig geforscht und geschrieben hat. Buber bejaht diese individuelle Gottesverwirklichung vollständig, fügt aber einen entscheidenden neuen Aspekt hinzu.

Er sagt, diese beglückende, segensreiche Erfahrung ist *nur* eine individuelle Erfahrung des Göttlichen. Wenn du mehr vom Göttlichen erfahren willst, und das ist in diesem Zusammenhang tatsächlich quantitativ gemeint, dann geht das nur über die Begegnung mit einem DU. Weil dieses DU, vorausgesetzt ihm ist selbst eine echte Erfahrung des Göttlichen zuteil geworden, eine andere Qualität dieses GÖTTLICHEN offenbart. Ich würde in diesem Fall tatsächlich das Wort „offenbaren“ wählen, weil sich in dem Augenblick, wo diese Begegnung zwischen Ich und Du erfolgt, zwischen zwei innerlich erwachten Herzen, sich beiden eine neue Qualität des Göttlichen offenbart, die sie beide *nur* aus der Begegnung heraus machen können.

> „Eine beglückende, segensreiche Erfahrung ist *nur* eine individuelle Erfahrung des Göttlichen.“

Damit hat Buber die gesamte mystische Tradition der Menschheitsgeschichte um eine ganze Dimension bereichert. Ich finde, seine Einsicht gehört zum Faszinierendsten, was im 20. Jahrhundert gedacht – oder besser *erfahren* – wurde. Wir sprechen hier von einer völlig neuen Qualität von Mystik, die aus der Begegnung, aus der Berührtheit von Ich und Du heraus erfolgen kann.

JH: Eine wundervolle Erfahrung, die in meinen Augen auf einzigartige Weise das Seelenbewusstsein einer Neuen Zeit widerspiegelt!

2.

Spiritualität – Der innere Weg zu Gott

JH: Das höchste Gefühl ist die Erfahrung der Einheit mit allem was ist. Die Rückkehr zur Wahrheit ist stets die höchste Sehnsucht der Seele. Von der göttlichen Gnade aufgenommen zu werden, ist die Empfindung vollkommener Liebe. Die Liebe ist der Leitfaden für alle spirituell orientierten Menschen. Sie schenkt ein Ur-Vertrauen, eine tiefe Zuversicht, mit einer höheren Kraft verbunden zu sein. Dieses Vertrauen hilft, alle Krisen zu bestehen und niemals aufzugeben. Es schenkt auch die innere Weisheit, kluge Lösungen zu suchen und nicht mit dem Kopf durch die Wand zu wollen.

Von der göttlichen Gnade aufgenommen zu werden, ist die Empfindung vollkommener Liebe.

Wenn wir in die Geschichte der Mystik schauen, dann finden wir dort viele Heilige, die doch entschieden zum Einsiedlertum neigten. Da herrschte die Vorstellung vor, dass alles Irdische, vor allem eine Familie, von dieser angestrebten mystischen Einheit nur ablenkte. So entstanden die Klöster als Orte des Rückzuges, an dem die Mönche der Welt entrückt waren. Heute möchte man diesen Einsiedlern zurufen: „Wer soll die Schöpfung erhalten, wenn keine Kinder gezeugt und aufgezogen werden. Wer soll die Verantwortung für Gottes Schöpfung übernehmen?"

Ich habe auf meinem spirituellen Weg die Erfahrung machen dürfen, dass die Liebe nichts ausschließt. Man kann im Leben alles integrieren. Gerade als Mutter habe ich die Einsicht gewonnen, dass meine Familie, mein Kind mich so erden, dass diese Form gelebter Liebe mir sowohl den Sinn meines Lebens als auch meiner spirituellen Kraft widerspiegelt. Nur für mich allein zu meditieren, bis irgendwann die Erdenzeit abgelaufen ist, stelle ich mir ausgesprochen langweilig vor. Ich empfinde mich auf meinem Weg als sehr bodenständig und alltagstauglich. Ich liebe das Leben. Ich liebe es, für Probleme Lösungen zu finden. Das alles ist für mich ein kreativer Prozess. Wie sieht es in Deinem Leben mit Alltagstauglichkeit und Lebenstüchtigkeit aus?

Man kann im Leben alles integrieren.

PM: Wir haben ja schon angedeutet, dass die Erfahrungen der Mystiker vor 500 oder 1000 oder 1500 Jahren ganz andere waren als jene der spirituell Suchenden der Gegenwart. Die historischen Gegebenheiten waren völlig andere als heute. Damals waren die Klöster die einzigen Orte, wo man überhaupt lernen, wachsen oder nach innen gehen konnte. Nur in den Klöstern gab es Raum für Stille und Meditation. Heute kann jeder an jedem Ort sein

Meditations-Plätzchen einrichten und hat alle spirituelle Literatur der Weltgeschichte zur Verfügung. Paradiesische Verhältnisse verglichen mit der Zeit um das Jahr 500 oder dem Mittelalter.

Wenngleich die äußerlichen Gegebenheiten ganz andere waren als heute, so waren doch die geistigen Fragestellungen die gleichen wie heute. Auch heute gilt es, die äußere und die innere Welt im Gleichgewicht zu halten.

„Selbst wenn du in der tiefsten Verzückung säßest und es klopfte ein Bedürftiger an deine Tür und bäte um ein Brotsüpplein, so wärest du aufgerufen, aus deiner Versenkung herabzusteigen und diesem armen Menschen eine Suppe zu bereiten.“

Mir kommt in diesem Zusammenhang ein Ausspruch Meister Eckharts, des großen Mystikers des 13./14. Jahrhunderts, in den Sinn. Er hat auch mit vielen einfachen Menschen Kontakt gehabt und in einer seiner *Deutschen Predigten* gesagt: „Selbst wenn du in der tiefsten Verzückung säßest und es klopfte ein Bedürftiger an deine Tür und bäte um ein Brotsüpplein, so wärest du aufgerufen, aus deiner Versenkung herabzusteigen und diesem armen Menschen eine Suppe zu bereiten.“

Diese Anekdote aus dem Leben von Meister Eckhart macht deutlich, dass Mystik kein Selbstzweck ist. Der Weg nach innen dient in letzter Konsequenz nur dazu, um nach außen ein lichtvollerer Mensch zu werden. Die doppelte Bot-

Der Weg nach innen dient in letzter Konsequenz nur dazu, um nach außen ein lichtvollerer Mensch zu werden.

schaft der Mystik lautet in Wahrheit: Gehe nach innen, versammele dein eigenes Wesen, entdecke dein Seelenbewusstsein – und dann trage es hinaus in die Welt und mache die Welt lichter!

Ich glaube, diese Herausforderung ist heute noch dieselbe wie vor tausend Jahren. Sie bleibt uns auch weiterhin erhalten, weil wir ja noch immer in einer unerlösten Welt leben. Deswegen ist noch viel zu tun. Es braucht noch viel Licht in der Dunkelheit, um diese Welt zu erhellen. Solange diese Polarität besteht, bleibt sie eine Herausforderung.

JH: Geht es nicht auch darum, aus einem problembehafteten, rationalen und verkopften Denkprozess herauszukommen? Müssen wir nicht unser Bewusstsein erweitern? Muss die Mystik nicht in den Alltag getragen werden?

Wir kennen es doch alle: Da kommt ein Freund und jammert dir etwas von seinen Problemen vor. Die ganze Palette an bekannten Schwierigkeiten; und weil du nicht darin verstrickt bist, schaust du von außen – und sofort zeigt sich die Lösung. Du erklärst sie ihm – und er schaut dich nur fragend an. Du kannst ihm deine aus der mystischen Kraft geschöpfte Antwort nicht vermitteln. Es fehlt das Bewusstsein dafür.

Die Menschen müssen zuerst lernen, die richtigen Fragen zu stellen. Und dann müssen sie auch den Antworten gewachsen sein! Gleichzeitig ist

Die Menschen müssen zuerst lernen, die richtigen Fragen zu stellen. Und dann müssen sie auch den Antworten gewachsen sein!

das kein Anlass, sich für einen besseren Menschen zu halten; denn wenn wir in unseren Emotionen, Mustern oder Prägungen verstrickt sind, uns emotional verletzt fühlen und ein geistiges Brett vor dem Kopf haben, dann ist es ein Dritter, der uns die Lösungen aufzeigt.

Wenn wir mit unseren eigenen Ängsten konfrontiert sind, dann gilt es, sich wieder auf die Liebe zu fokussieren; uns bewusst zu machen, dass die Liebe über allem steht. Ich weiß um die Angst. Ich betrachte sie und wähle dann die Liebe; denn die Liebe ist der Lebenssinn. Das ist die Erfahrung des mystischen Pfades. Richte ich mich auf die Liebe aus, weitet sich automatisch mein Horizont. Mit diesem erweiterten Bewusstsein höre ich jetzt den Rat eines liebevollen Menschen ganz anders. Gehe ich in meiner Suche in eine liebevolle Resonanz, dann nehme ich Ratschläge, die aus der Liebe gegeben werden, viel eher an.

Es gilt, die innere Klarheit und die geistige Anbindung zu bewahren.

Der nächste Schritt bestände dann darin, gar nicht erst in Konflikt oder Panik zu verfallen. Es gilt, die innere Klarheit und die geistige Anbindung zu bewahren. Die Lösung für alle Konflikte liegt in der Liebe. Mein lichtvolles Ziel ist es, diese Liebe und Klarheit aufrechtzuerhalten. Darin liegt die Lösung für alle Probleme. Ich behalte mein lichtvolles Ziel fest im Blick und gestalte den Weg dorthin kreativ. Ich versetze mich in mein Gegenüber und nehme es mit ins Boot. In diesem Boot sitzen bereits Respekt, Achtung, Demut und Achtsamkeit. So kann sich eine Win-win-Situation herausbilden – und Lösungen zeigen sich. Unser rationales, intellektuelles Denken ist begrenzt und schafft dadurch häufig Unglück; unsere emotionale Intelligenz, unsere Weisheit, unser Seelenbewusstsein dagegen verfügen über ein unendliches kosmisches Wissen.

Unsere tägliche Praxis sollte es sein, unsere innere Kreativität und unsere Liebe ständig mehr zu kultivieren. Das muss unser tägliches Bemühen sein. Es gilt, sich vor Augen zu führen, welchen Fußabdruck man in dieser Welt hinterlassen möchte – einen liebevollen oder einen zerstörerischen. Will man Ersteres, dann spricht man ganz anders miteinander. Man wählt andere Worte – und dann können Wunder geschehen.

Es gilt, sich vor Augen zu führen, welchen Fußabdruck man in dieser Welt hinterlassen möchte.

PM: Vielleicht könnte man es, um in Deinem Bild vom Boot zu verweilen, so formulieren, dass man jemanden einlädt, in das Boot einzusteigen. Der Andere muss aus freien Stücken und gänzlich ungezwungen einsteigen.

In diesem Zusammenhang kommt mir immer wieder der weise Sokrates in den Sinn. Er lief vor 2500 Jahren auf der Agora in Athen herum und sprach die Leute an. Manche hielten ihn sicher, wie in Deinem Beispiel, für etwas seltsam, weil ihnen das Bewusstsein fehlte, die immense Weisheit dieses Mannes zu erkennen. Er aber stellte ihnen unaufhörlich Fragen; und über diese Fragen und das Nachdenken darüber kamen sie zu eigenen

Einsichten. Diese Art, Fragen zu stellen, nannte man die „Mäeutik des Sokrates“. Dieses griechische Wort bedeutet „Hebammenkunst“. Es ging natürlich nicht um die Geburt eines Kindes, sondern um die Geburt von Einsicht.

Das funktioniert wahrscheinlich nicht, wenn irgendjemand kommt und irgendwelche Fragen stellt. Es bedarf wohl dazu der Person eines Sokrates; denn wenn er kommt und Fragen stellt, dann kommt da noch *etwas Anderes* mit. Das Bewusstsein des Gefragten wird dadurch, dass Sokrates ihn fragt – ein Mystiker mit einem geistigen Feld, das ihn umgibt – als Ganzes angehoben. Sokrates vermag es, durch seine Fragen in dem Menschen eine Inspiration zu erwecken. So gelingt es diesem, Fragen zu beantworten, die er sich ohne Sokrates gar nicht gestellt hätte. Hier stoßen wir auf das Faszinosum des Mystikers, des erwachten Menschen. Er verfügt über die Fähigkeit, das Erwachen in seinem Gegenüber zu initiieren. Natürlich kann er niemanden „zwangserleuchten“; denn wenn es das gäbe, hätten Buddha und Jesus sicher gleich die ganze Welt erleuchtet. Doch auch sie trafen offensichtlich nur auf einige wenige in ihrem engsten Umfeld, die in ihrem Bewusstsein so erwacht waren, dass die Präsenz jener großen spirituellen Wesen sie auf eine höhere Stufe zu erheben vermochte. Sie konnten so zu Einsichten gelangen, die sie allein wohl nicht zu verwirklichen in der Lage gewesen wären. Ich würde dies das „aktive Element“ eines Mystikers nennen.

JH: Das ist schön! Ein wahrer spiritueller Lehrer, ein wahrer Mystiker erhebt immer seine Schüler. Er stellt sich niemals über sie. Er hilft ihnen, zur eigenen Einsicht anstatt zu vorgefertigten Antworten zu kommen.

PM: Genau so! Paul Brunton, ein englischer Schriftsteller, der sich viel mit östlicher Spiritualität befasst hat, zeichnet dazu ein wunderbares Bild. Er malt eine Lemniskate, also eine liegende 8, das Symbol für Unendlichkeit, und sagt dazu: „Der wahre Guru, der echte spirituelle Lehrer, nimmt seinen Schüler in eine Lemniskate, damit er in seiner eigenen Freiheit und Selbstverantwortung verbleibt. Der falsche Guru schlägt einen Kreis um sich und den Schüler, so dass dieser nicht mehr in seiner eigenen Unabhängigkeit verbleibt. Er ist in das Umfeld des Gurus eingebunden.“

> Es geht immer darum, dem anderen seine Freiheit zu belassen, niemandem das eigene Weltbild zu oktroyieren.

Ich fand Bruntons Bild sehr aufschlussreich, denn er macht darin die Verantwortung des Mystikers deutlich. Es geht immer darum, dem anderen seine Freiheit zu belassen, niemandem das eigene Weltbild zu oktroyieren. Jeder darf seine eigene Erfahrung machen; und der Lehrer sollte dem Schüler diese Freiheit jederzeit belassen, selbst wenn er Irrtümer begeht.

Krishnamurti hat es einmal sehr treffend formuliert: „Der Guru ist wie ein Wegweiser. Auf einem Wegweiser steht eine

Botschaft: Gehe rechts oder gehe links. Wer wäre denn so blöd, den Wegweiser anzubeten?" Das fand ich sehr originell und sehr tiefsinnig.

Der Mensch, der da vorne auf der Bühne sitzt, ob er nun Jana Haas oder Peter Michel heißt, hält einen Vortrag. Wenn dieser Mensch eingestimmt ist, vermittelt er den Zuhörern ein Wissen, das es diesen ermöglicht, ihren eigenen Weg ins LICHT zu finden. Er möchte doch aber keinesfalls, dass seine Zuhörer nach vorne kommen und ihm einen Kranz auf die Füße legen!

Es geht in der Mystik oder bei mystischen Belehrungen nie um das Ego, es geht immer um das Seelenheil des Anderen!

JH: Ich finde es wichtig festzuhalten, dass gerade die Mystiker Menschen waren, die hinterfragt haben und sich hinterfragen ließen. Und sie haben die jeweils bestehenden Dogmen in Zweifel gezogen…

PM: Was sie nicht selten das Leben gekostet hat!

JH: … was sie manchmal auch das Leben gekostet hat. Weil sie Visionäre waren und weit in die Zukunft geschaut haben. Sie sahen bereits die Zeit, in welcher die Menschheit die Liebe kultivieren kann. Sie waren niemals auf einen blinden Glauben fixiert, sondern auf lebendige Erfahrung. Sie besaßen den Mut, mit dem Leben zu experimentieren. Sie konnten auch die Standpunkte der anderen wertschätzen.

PM: Dadurch konnten sie innerlich wachsen. Deshalb ist Mystik stets dynamisch, nie statisch und nie ideologisch. Wenn wir jetzt unseren Dialog führen, werden wie danach nicht mehr die sein, die wir vorher waren.

JH: Ja, das spüre ich schon jetzt.

PM: Dann geht es uns beiden so.

JH: Aufgrund seiner inneren Weisheit missioniert ein wahrer spiritueller Lehrer niemals. Gott ist eine universelle Kraft der Liebe. Sie ist unfassbar, weltumspannend. Sie ist überall zu finden, nicht nur in einer bestimmten Religion oder bei einem bestimmten Guru. Es geht gewissermaßen nur um die 'Dosierung'.

Ein wahrer Schüler Gottes lernt niemals aus!

Ich glaube auch, dass es ein Zeichen des Weisen ist, dass er stets bereit ist, Neues kennenzulernen. Ein wahrer Schüler Gottes lernt niemals aus! Die Sichtweise eines anderen Menschen interessiert ihn besonders dann, wenn sie von seiner eigenen abweicht.

PM: Ja, das ist die größte Faszination!

JH: Deshalb rate ich jedem: Besinne dich auf deine eigenen Erfahrungen, auf dein eigenes Gespür. Hinterfrage alles, was dir übermittelt wurde. Prüfe auch deine eigenen Einsichten nach den drei Herzensregeln: Nachvollziehbarkeit für den gesunden Menschenverstand; Umsetzbarkeit im Alltag und Vertrauenswürdigkeit. Prüfe, ob sie dir Frieden oder Wut bringen. Der innere Frieden ist mit der absoluten Urkraft verbunden.

PM: Wenn ein Mystiker einem anderen 'Mystiker' begegnet, der erzählt, er reite regelmäßig mit seinem rosaroten Einhorn durch den Wald, dann kann man das so stehen lassen. Dennoch könnte man sich vielleicht fragen: „Wo mag der wohl hinreiten…??"

Wenn man den Spaß beiseite lässt, dann taucht dahinter die sehr ernsthafte Frage nach dem Bewusstseinszustand auf. Es ist eine uralte Weisheit, dass nur der Erleuchtete einen Erleuchteten erkennen kann. Beide verstehen sich, weil sie auf einem ähnlichen Niveau existieren. Bekanntlich kann man ja auch einem 6-Jährigen keine Integralrechnung erklären, das würde sein Bewusstsein überfordern. Auch dieses Beispiel soll deutlich machen, dass Erkenntnis immer nur so weit reichen kann, wie das Bewusstsein entfaltet ist. Das große Problem in unseren westlichen Gesellschaft ist allerdings, dass jede Menge Leute in allen sozialen oder unsozialen Medien ihr begrenztes Wissen zum Besten geben und meinen, die übrige Menschheit habe sich daran zu orientieren. Und über das, was sich in der pseudo-esoterischen Szene abspielt, hüllen wir den Mantel des Schweigens…

JH: Im Bereich Religion, Politik und (Pseudo-) Spiritualität findet man die größten Egos. Es gibt nicht wenige darunter, die narzisstisch oder zumindest schauspielerisch sehr veranlagt sind.

PM: Die reiten auf dem rosaroten Einhorn umher!

JH: Und sie glauben an ihr Produkt – was immer es sein mag. Da wendet man sich einfach um und geht seines Weges. Man darf diese Menschen in aller Demut sich selbst überlassen.

PM: Die echten Mystiker dagegen haben ihr Ego längst überwunden. Wenn Plotin und Meister Eckhart sich getroffen hätten, so hätten sie keinen Konflikt austragen müssen. Für sie gilt auch der alte Satz: „Die Mauern der Religionen wachsen nicht in den Himmel. Die Mystiker schauen darüber hinweg."

„Die Mauern der Religionen wachsen nicht in den Himmel. Die Mystiker schauen darüber hinweg."

JH: Eine wirklich schöne Aussage!

PM: Es ist ein ebenso einfacher wie tiefsinniger Satz, der zum Ausdruck bringen will, dass innere Verwirklichung nicht im Getrenntsein, sondern in der Einheit stattfindet. In dieser Einheit weiß jeder den anderen zu würdigen, und jeder ist offen, um zu erfahren, welche Erfahrung des Göttlichen ihm im anderen begegnet. Welche neue Facette Gottes vermag ich aufzunehmen? Durch den anderen Menschen begegnet mir eine Gotteserfahrung, die immer anders sein wird als meine eigene.

JH: Deshalb ist es ja stets ein Geschenk, mit einem offenen, ehrlichen, fragenden Menschen sprechen zu dürfen. So ein Dialog ist immer eine gegenseitige Bereicherung.

PM: Ja, es ist ein Segen! Du hattest das Wort „Bewusstseinserweiterung“ erwähnt. Es wird ja auch im Zusammenhang mit Drogen oder anderen Rauschmitteln verwendet. Allerdings glaube ich, dass dabei ein großer Unterschied besteht: Eine echte Bewusstseinserweiterung ist immer eine Geschenk! Alles, was künstlich herbeigeführt wird, ist keine Bewusstseinserweiterung, sondern eine Bewusstseinsveränderung.

JH: Da stimme ich Dir zu. Ich halte auch nichts davon.

PM: Hier liegt bei vielen Beteiligten ein großes Missverständnis vor. Lama Anagarika Govinda, der große Buddhist, hat einmal auf die ständig wiederkehrende Kritik, er würde beispielsweise Drogen-Erfahrungen kritisieren, ohne je selbst eine gehabt zu haben, reagiert. Er hat also unter sachkundiger Aufsicht ein Drogen-Experiment gemacht. Nach sorgfältiger Analyse kam er zu dem Schluss, dieses sei nicht mit seinen tiefen Meditations-Erfahrungen zu vergleichen. Es käme ihm vor, als würde man auf einer bestimmten Ebene Farben neu mischen, aber man sei nicht in der Lage, ein neues Bild zu malen. Mystik ist offensichtlich etwas zutiefst anderes als eine Drogen-Erfahrung. Manche Begriffe mögen ähnlich klingen, aber sie sind nicht identisch.

JH: Für mich ist die sicherste Erfahrungsquelle meine eigene Hellsichtigkeit. Für mich ist die Wahrnehmung der Christus- oder der Marien-Kraft etwas zutiefst Natürliches. Wenn ich auf mein eigenes Leben blicke und mich frage, was mich außerhalb des Heiligen der feinstofflichen Welt in meiner Suche nach der

Wahrheit inspiriert hat, dann fällt mir ein Erlebnis in Kasachstan ein. Ich war vielleicht neun oder zehn Jahre alt. Ich komme aus einer Arbeiter- und Kaufmannsfamilie, in der nicht über die großen Dichter und Denker philosophiert wurde, die es in Russland ja durchaus gab. Das Poetische und Feingeistige war bei uns aber nicht ausgeprägt.

Eines Tages fuhren wir zu einem weit entfernt lebenden Verwandten. Dort setzte sich ein mir unbekannter Mann zu mir an den Tisch und begann, diesem kleinen Mädchen gegenüber Puschkin, Dostojewski oder Goethe zu zitieren. Ich starrte ihn nur mit großen Augen an und verstand kein Wort. Aber ich fühlte etwas Außerirdisches – Poesie und Philosophie. Es war für mich wie eine Sinfonie, obwohl ich rational kein Wort verstand. Doch ich fühlte mich wie beflügelt. Danach legte er mir einige Bücher auf den Tisch und meinte, ich solle sie unbedingt lesen. Ich wusste kaum, wie mir geschah, aber ich fühlte mich berührt. Diese Berührtheit, das ist für mich mystisch.

Aber ich fühlte etwas Außerirdisches – Poesie und Philosophie.

PM: Es war im Grunde eine Initiation.

JH: Genau, obwohl ich mich auch noch erinnere, dass seine Frau ihm vorwarf, was er denn einem kleinen Mädchen da für Sachen erzähle. Sie könne das doch alles ohnehin nicht verstehen. Das geschah in einem sehr lieblosen Ton. Auch das habe ich mir gemerkt, weil es mich betroffen gemacht hat. Es stieg dann so etwas wie Trotz in mir auf. Ich sagte mir innerlich, dass ich dies alles verstehen werde. Meine Zeit würde noch kommen! Der Mann war durch die Worte seiner Frau sehr betroffen und betrübt. Er legte die Bücher weg, sagte nichts mehr, aber sprach doch durch sein leidvolles Gesicht. Es lag so viel Sehnsucht darin, so viel Klarheit, so viel tiefes Wissen.

PM: Es war vielleicht ein Wunsch nach Austausch. Eine Sehnsucht, verstanden werden zu wollen.

JH: Ich wusste in diesem Augenblick, dass der Kommunismus und der Atheismus Unrecht hatten. Es gab viel mehr als das Rationale. Es gab sehr viel mehr – und da musste ich hin. Diese Begegnung hat mich mein Leben lang beeinflusst, auch wenn manche Einzelheit über die Jahre vergessen wurde. Aber ich weiß noch genau: Es hatte meine Neugier geweckt!

PM: Das war vielleicht das eigentliche Momentum.

JH: Dieses Erlebnis belegt vielleicht auch, dass es eine mystische Erfahrung ist, wenn man in seiner Seele, auf dem Grund seiner Seele berührt wird. Es macht keinen Unterschied, ob es in tiefer Meditation geschieht ober eben durch eine zwischenmenschliche Begegnung, wenn etwas Heiliges aus den Augen eines Menschen leuchtet. Es kann

> Es ist eine mystische Erfahrung, wenn man in seiner Seele, auf dem Grund seiner Seele berührt wird.

auch in der Versunkenheit geschehen, in der Natur, im Gebet oder in der Stille einer Kathedrale. Kannst Du das nachvollziehen?

PM: Das kann ich sehr gut nachvollziehen!

JH: Vielleicht sagt man auch deshalb, dass ein Mensch ein Engel auf Erden sein kann. Auch der einfachste Mensch vermag ein Wegweiser zu sein. Es sind Menschen, die im rechten Augenblick das richtige Wort sagen.

PM: Es war Johannes XXIII., der meines Erachtens ein großer Papst und ein wirklich liebender Christ war, der einmal sagte: „Nirgends ist der Mensch größer, als wenn er kniet.“ Kniend ins Gebet versunken. Diese Aussage hat mich sehr beeindruckt.

„Nirgends ist der Mensch größer, als wenn er kniet.“

JH: Wer ernsthaft und aufrichtig auf dem mystischen Pfad voranschreiten möchte, für den gilt es, achtsam im Inneren und im Äußeren zu sein; denn die Liebe ist überall!

3.

Mystische Erlebnisse in Grenzerfahrungen

JH: Jede Seele ist in der Liebe zu Hause. Was mag das für uns als Seelen konkret im Diesseits wie auch im Jenseits bedeuten? Manche Menschen, die ein egoistisches, atheistisches Weltbild leben, sind ja davon überzeugt, sie könnten auf Erden so leben, wie sie es wollten. Es gäbe später niemanden, der Rechenschaft einfordere, nach Verantwortung oder Karma frage. Was sagt man solchen Menschen?

> Jede Seele ist in der Liebe zu Hause.

PM: Ich glaube, der eine oder andere könnte auf der „anderen Seite“ eine unangenehme Überraschung erleben. Es gibt ein wunderbares Buch eines mittlerweile 93-jährigen Schweizers, der seit Leben lang zu dieser Frage geforscht und ein Werk mit dem Titel „Wie auf Erden – so im Himmel“ geschrieben hat. Der Titel sagt schon viel aus über die wahrscheinliche Gesetzmäßigkeit: Der Mensch wird sich in den jenseitigen Welten genau als der vorfinden, der er auf Erden war – nur ohne physische Hülle.

JH: Das entspricht genau meinen Wahrnehmungen!

PM: Ein gieriger, eifersüchtiger, gewalttätiger oder neidischer Mensch wird auf der anderen Seite keinesfalls als Heiliger ankommen. Er wird mit Schrecken feststellen, dass ihn sein verwerfliches Erdenleben hier wieder einholt; nur dass er vom Täter zum Opfer mutiert. Er muss sein schändliches Verhalten jetzt selbst erleben und erleiden. Keine schöne Erfahrung.

Manche glauben ja grundsätzlich nicht an ein Weiterleben nach dem so unglücklich als „Tod“ bezeichneten Ablegen ihrer physische Hülle. Sie werden in ihrer Verwirrung lange brauchen, bis sie sich überhaupt werden zurechtfinden können. Nicht wenige glauben, sie seien noch 'am Leben' und verharren in ihrer alten Umgebung. Man spricht dann auch von „Erdgebundenheit“.

JH: Diese Seelen müssen allmählich lernen, dass das Bewusstsein unsterblich ist.

PM: Ja, das Bewusstsein ist unsterblich, selbst wenn es ein ganz übles Bewusstsein ist! Es stellt für solche nicht sehr lichten Seelen ein schwere Prüfung dar, sich schrittweise aus ihrer (seelischen) Dunkelheit herauszuarbeiten. Die Katholische Kirche kennt in Teilen noch das „Gebet für die Verstorbenen“. Das ist eine wertvolle Tradition, die sich neben vielem Fragwürdigen zum Glück erhalten hat. Menschen, welche in die andere Welt hineinzublicken vermögen, berichten, dass diese Gebete die Verstorbenen gleichsam wie Lichthüllen umgeben und ihnen so die Möglichkeit eröffnen, ihre dunklen Sphären zu verlassen und in lichtere Ebenen aufzusteigen. Lebende und 'Verstorbene' sind ja nur durch eine zarte Bewusstseinsschwelle getrennt; und für viele auf der anderen Seite sind die Lebenden deutlich wahrnehmbar. Dies belegen auch die faszinierenden Forschungen zu „Nachtod-Kontakten".*

Wenn man alle vorliegenden Studien zu dieser Frage berücksichtigt, dann scheint es für alle Erdenmenschen äußerst wichtig zu sein, sich zumindest in Umrissen auf die Jenseitswelten einzustellen, damit sie nicht völlig unwissend dort ankommen. Für die Hinterbliebenen ist es ein Segen, wenn sie erkennen, dass ihre lieben Menschen nicht verschwunden, sondern nur einen Schritt weitergegangen sind. Im Gebet oder in der Meditation sind sie für sie immer noch erreichbar! Wenn wir mit unserem Buch dieses Wissen in die Herzen der Menschen legen können, dann haben wir ein gutes Werk getan.

Für mich gehören die Mystik und das Wissen um die jenseitigen Welten untrennbar zusammen.

JH: Für mich gehören die Mystik und das Wissen um die jenseitigen Welten untrennbar zusammen. Ich habe häufig Kontakt mit Menschen, die in Hospizen arbeiten, und ich frage gelegentlich, wo sie die Kraft hernehmen, sich Tag für Tag mit dem Loslassen zu beschäftigen. Loslassen ist eigentlich leichter als Festhalten – und doch so schwer. Woher nehmen diese Menschen ihre Kraft, jeden Tag dem Tod zu begegnen?

* Vgl. Evelyn Elsaesser, Nachtod-Kontakte, Amerang 2020

PM: … und ihn nicht als Niederlage zu empfinden. Weder als Ärzte noch als Pflegende.

JH: Mir sagen die im Hospiz Arbeitenden, dass ihnen gerade jene Menschen, die sie auf der letzten Wegstrecke begleiten dürfen, etwas Besonderes schenken. Sie schärfen ihren Blick für die Gegenwart, für Achtsamkeit, für das Leben im Hier und Jetzt. Man lernt, nichts aufzuschieben auf morgen; denn niemand weiß, wie lange das eigene Leben noch währt.

PM: Da geht es auch um die noch „unerledigten Aufgaben“, von denen Elisabeth Kübler-Ross immer wieder gesprochen hat.

JH: Ja, und um die Würde des Abschieds. Ich erinnere mich an eine Krankenschwester, die nach einem Übergang immer das Bedürfnis hatte, zuerst das Fenster zu kippen.

PM: Damit die Seele ihren Weg suchen kann.

Ich achte das Leben in den Pflege-Berufen als eine Art „bodenständige Mystik“.

JH: Es ist ein Symbol, dass sie in die Freiheit fliegen kann. Natürlich wird die Seele durch materielle Dinge nicht aufgehalten, aber diese symbolische Handlung unterstützt die Seele in der Empfindung, leicht wie ein Vogel zu sein, aufsteigen und sich den feinstofflichen Welten zuwenden zu können. Das Ableben in unserer Welt ist ja eine Neugeburt im Geistigen. Ich achte das Leben in den Pflege-Berufen als eine Art „bodenständige Mystik“.

Es hat mich beeindruckt, als ich bei den alten Mystikern den Satz las: „Lebe stets im Angesicht des Todes." Es hat mich so berührt, weil ich ja von Anbeginn meines Weges immer in Kontakt mit den Seelen von Verstorbenen war. Ich habe mich seit meiner Kindheit mit dem auseinandergesetzt, was fälschlicherweise „Tod" genannt wird. Diese Haltung hat mir in meinen jungen Jahren ein wenig von meiner Lebensfreude geraubt. Ich wollte mich nicht ausschließlich mit dem Tod beschäftigen, weil ich befürchtete, damit könne das LEBEN zu kurz kommen.

„Lebe stets im Angesicht des Todes."

Ich habe mich dann intensiv mit mystischer Literatur befasst, auch mit jener, in der Hellsichtigkeit keine prominente Rolle spielt, weil ich mich davor schützen musste, dass nicht ständig Verstorbene durch mich hindurch schwangen, weil sie mein Licht mit dem höheren LICHT verwechselten. Diese Seelen blickten meistens horizontal, nicht vertikal. Daher bitten wir im Gebet: „Liebe Seele, deine Reise ist hier zu Ende gegangen. Schaue nach oben und folge den Engeln."

Der mystische Weg weist darauf hin, jeden Tag so zu leben, als sei er der letzte. Dies ist wahrlich kein Anlass für Traurigkeit, sondern die Wertschätzung jeder Gelegenheit. Es ist betrüblich, wenn viele Menschen das Leben nicht schätzen, sondern sogar den Tag verfluchen. Ich höre häu-

Der mystische Weg weist darauf hin, jeden Tag so zu leben, als sei er der letzte.

fig den Satz: „Ich will nie wieder inkarnieren!" Da fehlt leider jegliche Spiritualität.

Im Laufe der Zeit habe ich dann gelernt, mit den Verstorbenen und den jenseitigen Welten umzugehen. Diese Wesen sind dankbar, wenn man sie ins Licht schickt. Ich habe außerdem gelernt, mich von den jeweiligen Welten und Wesen abzugrenzen. Meine Nahtod-Erfahrungen waren natürlich überaus hilfreich, die Angst vor dem Tod abzulegen – soweit dies inkarnierten Menschen möglich ist. Ich bin auch dankbar für das Privileg jedes weiteren Lebenstages; denn viele Menschen sterben schon in jungen Jahren. Das beinhaltet auch, sich der Frage zu stellen, *wie* man leben möchte. Das Bewusstsein für ein Leben in der Gegenwart. Mystik meint auch Achtsamkeit und im Leben präsent zu sein.

PM: Ich hatte eine spontane Assoziation, als Du von dem „jungen Mädchen" gesprochen hast. Eine der beeindruckendsten Persönlichkeiten, der ich je begegnet bin, war die einflussreiche Theosophin Dora Kunz. Eine kleine Frau, nur 1,55 Meter groß; aber von einer unglaublichen Geisteskraft. Dora war zwölf, als sie auf eigenen Wunsch von Java nach Australien zog, um dort die persönliche Assistentin von Charles W. Leadbeater zu werden, des wohl einflussreichsten esoterischen Schriftstellers des 20. Jahrhunderts. Dem ging es in der Zeit des 1. Weltkrieges gesundheitlich nicht gut; und Dora wurde die Aufgabe übertragen, alle Anfragen, die an Leadbeater gerichtet worden waren, ob dieser oder jene junge Mann noch am Leben sei, zu beantworten. Sie musste also zwischen kämpfenden, verletzten oder getöteten Soldaten auf fernen Schlachtfeldern unterscheiden. Informationen via Handy gab es damals natürlich nicht. Sie musste also als 12-, 13- oder 14-jährige diese unglaubliche spirituelle Arbeit leisten. Sie sagte mir später, das habe ihr ihre ganze Jugend genommen; und ergänzte dann: „Das war halt meine Aufgabe!"

JH: Ja! Es ist, wie es ist!

PM: Es klingt so einfach; aber es ist faszinierend zu beobachten, wie bestimmte Menschen schon früh ihre vorbestimmte geistige Aufgabe übernehmen müssen. Da geht es nicht mehr darum, Party zu machen. Wer eine solche Gabe bekommen hat, hat damit auch eine Verpflichtung übernommen. Viele Menschen, die über eine hellsichtige Gabe wie Du verfügen, sind schon früh mit einer großen Aufgabe betraut worden.

Dora wurde später zusätzlich eine der großartigsten Heilerinnen der USA und hat der Welt die Heilmethode „Therapeutic Touch" geschenkt. Eine einzigartige Frau, vor der ich meinen Hut bis zum Boden ziehe. Sie war Anfang neunzig, als wir in New York ihre Lebensgeschichte aufgezeichnet haben. Ich war zu der Zeit um die vierzig, aber Dora hatte ein Tagesprogramm, da fiel ich um Mitternacht todmüde ins Bett, während sie noch Korrespondenz erledigte. Am nächsten Morgen um 7 Uhr war sie schon wieder voll aktiv. Und das jeden Tag. Unglaublich!

JH: Das geht nur mit einer innigen geistigen Anbindung!

PM: Ja, das ist wahre geistige Verbundenheit. In Doras Leben war die Arbeit mit Verstorbenen ein bleibender Lebensmittelpunkt; aber auch das Bemühen, den Menschen die Angst vor dem Tod zu nehmen. Ich sehe eine Menge Parallelen in Deiner Arbeit und im Wirken von Dora Kunz.

JH: Spannend! Ich darf das auch in aller Demut aus meiner Biographie heraus sagen, was für ein Segen es ist, dass ich diese Angst vor dem Tod verloren habe. Neben meinen Nahtod-Erfahrungen gehört allerdings auch meine bedingungslose Liebe zum Leben dazu. Die hilft mir, stets aufgerichtet zu sein. Und der schöne Satz von Goethe: „Gabe ist nichts, Persönlichkeit ist alles."

Ich möchte noch ein besonderes Wort in diesem Umfeld aufgreifen: Seelenstärke. Auch in den Mysterien spielt die Seelenstärke eine große Rolle. Was bin ich für eine Persönlichkeit? Was sind meine prägenden Werte? Was hält meine Welt zusammen? Wie verhält sich meine Ego-Liebe zur wahren Liebe? Um diese Fragen zu beantworten, war ein jahrzehntelanger Prozess erforderlich.

Ich bin im Kommunismus frei von religiösem Zwang, frei von Dogmen und konfessionellem Druck aufgewachsen. Die Heilungsgabe und das Hellsehen waren in unserer Familie über die weibliche Linie vorhanden. Man hat allerdings nicht laut darüber gesprochen, denn das war gefährlich. Für mich war das durchaus leidvoll, über die Toten nicht sprechen zu dürfen. Ich saß als Kind beispielsweise im Klassenzimmer und sah vor dem Hintergrund der Tafel die Toten vorüberziehen. Manchmal spürte ich sie auch mit Eiseskälte an meiner Seite. Nicht die Verstorbenen empfand ich als leidvoll, sondern nicht darüber sprechen zu dürfen. Ich empfand mich als Kind „als nicht richtig".

PM: Das stellte für Dich als Kind sicher eine immense Belastung dar.

JH: Unfassbar – vor allem aus heutiger Sicht.

PM: Es ist schrecklich, wenn man als Schulkind für „nicht normal" gehalten wird.

Da ich keinen Halt in der Außenwelt fand, suchte ich ihn in der Innenwelt.

JH: Es wird mir heute noch deutlicher, wenn ich auf das Kommunikationsbedürfnis meiner 15-jährigen Tochter schaue. Es ist leidvoll, wenn ein Kind nicht reden darf, wenn ihm nicht zugehört wird. Ich erinnere mich, dass ich zwar traurig war, aber nicht schwach. Da ich keinen Halt in der Außenwelt fand, suchte ich ihn in der Innenwelt. Stellte Fragen; philosophische Fragen. Meine einzige Bezugsperson war meine Urgroßmutter, die in hohem Alter eines friedlichen Todes starb. Ich war damals zwölf. Wir hatten gehofft, sie mit nach Deutschland nehmen zu können; aber sie schlief ganz sanft ein und blieb in Russland.

Es gab dann die bei uns übliche Totenwache, bei der die Urgroßmutter im Wohnzimmer aufgebahrt war und alle von ihr Abschied nehmen konnten. Ich war die Älteste ihrer Enkel und habe viel davon mitbekommen. Damals kümmerte sich niemand um die kindliche Psyche.

Ich habe sie dann als durchscheinende Gestalt im Zimmer gesehen. Das war sehr harmonisch. Nur meine Ursprungsfamilie war völlig zerstritten und total disharmonisch; und gerade die, welche die harmonischste Lichtgestalt war, die Verstorbene, bekam am meisten ab. Seltsamerweise haben diejenigen, die sie am meisten gehasst haben, am lautesten geheult. Das war ein richtiges Drama!

Und meine Urgroßmutter? Die stand im Zimmer, völlig unberührt von der Streiterei, ganz ohne irgendeine Resonanz darauf. Für mich kam auch kein Gefühl von Trauer auf, denn die 'Tote' stand ja lebendig neben mir. Sie umarmte mich nach wie vor. Sie beschützte mich auch weiterhin. Das hatte schon etwas Surreales.

Warum bist du traurig?
Sie ist doch noch da!

Ich verstand diese nur scheinbar getrennten Welten nicht. Für mich waren sie doch eine Einheit. Erst als sie aus dem Haus getragen wurde, folgte sie der großen Menschenschar. In diesem Moment trat ein Verlustgefühl auf. Man hatte sie mir genommen. Sie war ja meine einzige Bezugsperson gewesen. Mir kamen die Tränen, doch gleichzeitig fragte ich mich: Warum bist du traurig? Sie ist doch noch da – aber gleichzeitig auch nicht mehr da. Meine ganze Welt war in Unordnung.

Ich erinnere mich, wie wütend ich war: Auf Gott und die Welt! Dabei konnte ich es nicht einmal benennen, denn über Gott hat man bei uns nicht gesprochen. Es gab ja keinen religiösen Bezug. Man durfte nur bei der Trauerfeier keine Musik spielen, um die Toten nicht zu stören. Im Atheismus die Toten nicht stören!!

Ich habe dann meinen kleinen Kassettenrecorder genommen und mich ins Schlafzimmer meiner Großmutter zurückgezogen. Sie war ja eine sehr gläubige Frau; und so standen verbotenerweise auf ihrer Kommode lauter Christus- und Marien-Ikonen sowie Engel-Figuren. Ich habe sie dort manchmal stundenlang im Gebet versunken gesehen. Da habe ich erstmals eine wirklich mystische Präsenz wahrgenommen.

Ich habe dann russische Pop-Musik ganz laut aufgedreht, mich an ihr Bett gesetzt, die Ikonen angeschaut und in Gedanken gesagt: Wenn meine Urgroßmutter lebt, wenn ihr sie mir nicht völlig weggenommen habt, dann beweist es mir. Es war ein starker kindlicher Trotz. Ich weiß nicht, worauf ich gewartet habe, es war einfach eine intuitive Handlung.

Plötzlich, in meiner physischen Realität, strahlte aus einer der Marien-Ikonen ein wunderbares Licht auf.

Plötzlich, in meiner physischen Realität, strahlte aus einer der Marien-Ikonen ein wunderbares Licht auf. Es war, als ob der Himmel aufginge. Dann erschien aus diesem Licht eine Marien-Gestalt, die mich ernst, aber nicht böse anschaute. Sie blickte mich in ihrem Lichtgewand direkt an, und es entwickelte sich eine Art Dialog:

„Beweise mir, dass meine Urgroßmutter lebt!"

Und ihr Blick antwortete mir: „Ehre die Toten!"

Darauf ich: „Ich will meine Urgroßmutter zurück!"

Dann geschieht etwas Seltsames. Die Gestalt wischt mit einer kleinen Geste den Kassettenrecorder von der Kommode – und der zerfällt in alle Einzelteile. Es blieb nur noch Schrott. Die Musik war erloschen.

„Ok. Das ist Beweis genug… Meine Urgroßmutter lebt. Ok. Es gibt eine Geistige Welt, in der sie weiterleben und mit mir verbunden sein wird. Vielleicht passt sie sogar auf mich auf."

Ich bedankte mich bei der Lichtgestalt. Fegte dann den ganze Elektroschrott zusammen und warf ihn weg. Ich habe dann noch sehr viele Jahre einen innigen Kontakt zu meiner Urgroßmutter gehabt. Sie war wie ein zusätzlicher Schutzengel für mich.

PM: Es ist ja eine bekannte esoterische Tradition, wonach Verstorbene noch für eine gewisse Zeit eine Aufgabe als „lichte Helfer" übernehmen können. Das wird von Deinem Erleben eindrucksvoll bestätigt.

JH: Sie hat mir bei ganz konkreten Dingen geholfen. Manchmal erschien sie mir im Traum, dann wieder saß sie in der Meditation neben mir und teilte mir eine Botschaft mit. Es war so konkret wie zu ihren Lebzeiten. Ich konnte sie gut verstehen. Sie war kein Wölkchen am Himmel; sondern in ihrer Schwingung genau so, wie ich sie kannte.

PM: Dieser Schutz war in der damaligen Lebensphase wahrscheinlich außerordentlich wichtig für Dich.

JH: Ganz sicher. Ich wäre sonst nicht die, die ich heute bin. Inzwischen bin ich mir sicher, dass mystische Erfahrungen unmittelbar mit dem Tod, mit Verlust, mit Sterbebegleitung und Grenzerfahrungen im Zusammenhang stehen. Auch Nahtod-Erfahrungen gehören natürlich unmittelbar dazu. Dies alles ist Seelenbewusstsein! Wenn Menschen das nicht wahrnehmen können und nicht daran glauben, weil sie es mit ihren physischen Augen nicht erschauen können, heißt dies natürlich keinesfalls, dass es all dies nicht gibt. Die Geistige Welt muss niemandem etwas beweisen. Jeder gestaltet sein eigenes Leben aufgrund seiner Einsichten auf seine eigene Art und Weise.

Die Geistige Welt muss niemandem etwas beweisen.

PM: Ich glaube, dieses Bewusstsein, was Du gerade so eindrücklich beschrieben hast, erwacht allmählich in Teilen unserer Gesellschaft. Die schon erwähnte Forscherin Evelyn Elsaesser hat zahllose dieser „Kassettenrekorder-Phänomene“ detailliert dokumentiert. Da gibt es wirklich nichts, was es nicht gibt. Wer sich darüber informieren will, findet jede Menge wertvolle Literatur darüber.

JH: Ja, inzwischen ist das gut dokumentiert.

PM: Allmählich erreicht dieses Wissen auch breitere Gesellschaftsschichten. So wird allmählich die Angst vor dem Tod, die Angst vor dem Ausgelöschtsein überwunden. Das sind alles Lichtfunken, die zum Seelenbewusstsein einer neuen Zeit beitragen. Es haben inzwischen viele daran mitgewirkt, dieses neue Bewusstsein zu erwecken. Die überzeugenden Nachtod-Kontakte, bei denen eine wichtige Botschaft übermittelt wird, ein Schriftstück auftaucht oder etwas gefunden wird, dies alles widerfährt viel mehr Menschen, als bisher bekannt war, weil viele aus Angst schwiegen, verlacht zu werden. Erst nach Moodys erfolgreichem Buch über Nahtod-Erfahrungen änderte sich etwas in unseren Gesellschaften. Das sind aber noch nicht einmal zwei Generationen, die mit diesem Wissen aufwachsen. Selbst heute noch werden Menschen belächelt, wenn sie etwa von einem Nachtod-Kontakt oder von einer Nahtod-Erfahrung berichten.

JH: Das sind alles wichtige Vorboten.

PM: Ja, und in den letzten vierzig Jahren ist doch einiges geschehen.

JH: Auf diese Veränderungen wollen wir noch weiter eingehen und auch über die verschiedenen Sphären und geistigen Welten sprechen, die in den letzten Jahrzehnten schrittweise enthüllt worden sind.

4.

Seelenbewusstsein

JH: Wenn man über Seelenbewusstsein spricht, darf man sich stets vor Augen halten: Die Liebe ist unsere Seelenkraft. Sie ist unsere zentrale Kraftquelle, und diese Quelle sprudelt weit oberhalb aller Emotionen. Sind wir mit dieser Quelle innerlich verbunden, fühlen wir uns als starke, als göttliche Seelen.

Wenn wir nachfolgend über Mystik und über mystische Traditionen sprechen, dann geht es nicht um bestehende, festgelegte Traditionen, sondern um die individuelle Seele. Es geht um die wahre Ich-Kraft in uns, um die Güte unseres Herzens. Dies ist ein zentraler Unterschied zu unserer weitgehend rationalen Prägung: Sind wir erfolgreich? Bin ich schön? Oder wie immer diese Fragen heißen mögen. Doch je rationaler wir geprägt sind, desto weniger lieben wir!

> Alle Formen des Bewertens führen zum Verlust an Liebe.

Alle Formen des Bewertens führen zum Verlust an Liebe. Wir bemerken es besonders in unseren gesellschaftlichen, wirtschaftlichen oder politischen Bewertungen. Immer geht dabei unser Blick nach außen; doch wenn wir nur dort unseren Fokus haben und die Stille im Inneren fehlt, das Spüren des eigenen Herzschlages, die Liebe im Herzen, die Verbindung zur göttlichen Seele, dann verharren wir in einem eingeschränkten Weltbild. Wir beurteilen und bewerten, setzen uns Grenzen – und das Leben fühlt sich wie ein Gefängnis an. Die ursprüngliche Lebenskraft wird nicht mehr wahrgenommen.

Das Fehlen der mystischen Tiefe wird von vielen Menschen erst im Jenseits deutlich erkannt.

Das Fehlen der mystischen Tiefe wird von vielen Menschen erst im Jenseits deutlich erkannt. Sie stellen dann fest, dass sie zwar zwei Beine hatten, aber nur eines davon genutzt haben. Sie hüpften gleichsam auf einem Bein durch das Leben. Ich habe selbst ein solches Beispiel bei einem Freund erlebt, der im Grunde seines Wesens ein philosophischer, künstlerischer Geist war. Ich konnte mich stundenlang mit ihm unterhalten, ohne dass es mir einmal langweilig wurde. In manchen seiner Gedanken war er ein echte Anregung für mich. Doch das war die weniger bekannte Seite von ihm; zumeist hat er sich nach außen als rational, materialistisch denkender IT-Spezialist gegeben. Anscheinend widerspricht das eine dem anderen nicht.

Ich empfand, dass er sein Leben kraftvoll lebte und seine Möglichkeiten ausschöpfte. Dennoch sah ich in ihm noch etwas Größeres. Er starb dann gänzlich unerwartet an einem Schlaganfall.

Er muss damals Anfang sechzig gewesen sein. Seine Seele war danach sofort an meiner Seite; ich wusste da noch gar nichts von seinem Ableben. Als seine Seele mich dann aber fast zu bedrängen begann, wusste ich, dass etwas geschehen sein musste. Ich wollte es erst gar nicht glauben, bis er mir Fragen über seinen jenseitigen Weg zu stellen begann. Er ist dann nach einiger Zeit ins Licht weitergegangen.

Es gibt ja zahllose Bewusstseinsebenen in den Jenseitswelten. Das wäre ein schier unerschöpfliches Thema. Grundsätzlich kann man sagen, dass die Seele mit jenen Emotionen in die geistigen Sphären hinüberwechselt, die sie bei ihrem letzten Atemzug erfüllt haben. Mein Bekannter war grundsätzlich ein sehr offener Mensch mit einem offenen Geist. Er zeigte sich neugierig den geistigen Welten gegenüber und konnte mir, als er mich aufsuchte, vorbehaltlos vertrauen. So konnte ich ihm übermitteln: Schaue nach oben ins Licht und folge den Engeln! Durch dieses Emporschauen konnte er sich in diese Welten hinaufschwingen.

„Schaue nach oben ins Licht und folge den Engeln!"

Ich erschaute dann, wie er durch eine sehr lange anhaltende Lebensrückschau ging. Nach deren Abschluss kam er wieder zu mir und übermittelte mir eine Botschaft für ein Buch, an dem ich zu der Zeit gerade schrieb. Es ging um das „Seelenhören".

Später ergab sich noch ein weiterer Gedankenaustausch, während dessen er mir mitteilte: „Weißt Du, Jana, was ich aus meinem jetzigen Seelenbewusstsein heraus wirklich bereue?“ Ich war gespannt auf die Antwort, und er fuhr fort: „Ich bereue es sehr, dass ich mir im Leben nicht mehr zugetraut habe. Meine kritische Haltung dem Osten gegenüber hat mir Tore verschlossen. Auch die Überversorgung meiner Frau, die ich hätte eigenständiger leben lassen können, hat mich blockiert. Ich hätte auch ihr mehr zutrauen können, das wäre für ihr Seelenwachstum hilfreich gewesen. Doch das ist nun alles vorbei. Jetzt erkenne ich, dass der Einzige, der mir im Weg stand, ich selber war. Das ist jetzt eine tiefe Einsicht für mich.“

PM: Es gibt eine Reihe solcher Jenseitseinsichten, die medial übermittelt wurden. Zwei haben mich besonders beeindruckt. In der einen antwortete eine Frau auf die Frage, was sie besonders bedauere: „Ich habe zu wenig getanzt!“ Die zweite Stellungnahme kam von einem Mann und lautete: „Ich habe zu wenig gelacht!“ Man könnte meinen, dass seien Nebensächlichkeiten, aber für diese zwei Seelen waren das zentrale Themen.

JH: Ja, sie hatten nicht wirklich ihre Gefühle gelebt!

PM: Wenn man daraus eine Einsicht für das eigene Leben ableiten möchte, dann könnte die vielleicht lauten: Achte mehr auf die Dinge des alltäglichen Lebens! Man sollte diese nicht geringschätzen; und häufiger zum Tanzen zu gehen, ist auf alle Fälle eine gute Empfehlung.

JH: Ich bin sofort dabei!

PM: Und über das Heilsame des Lachens müssen wir wohl nicht sprechen. Es gibt inzwischen zahlreiche Untersuchungen, die belegen, wie stark das Lachen die eigenen Lebenskräfte fördert. Diese unterschiedlichen Botschaften passen also gut zusammen: Sich mehr zutrauen und die Lebensfreude nicht vernachlässigen.

JH: Wir dürfen Liebe und Lebensfreude jeden Tag auskosten; dürfen dabei aber nicht egoistisch sein. Indem wir uns der Liebe in uns bewusst werden, trauen wir uns mehr zu – und auch unseren Lieben. Wenn ich mein Kind wie eine Glucke behandele, wird dadurch seine Entwicklung eher eingeschränkt. Ich sollte immer auf ihre eigene Größe vertrauen und dann da sein, wenn ich gebraucht werde.

Ich sollte immer auf ihre eigene Größe vertrauen und dann da sein, wenn ich gebraucht werde.

Viele Menschen gehen nicht nur mit sich selbst und ihren Lieben zerstörerisch um, sondern auch mit den Tieren und mit der Natur. Dafür werden sie einst Rechenschaft ablegen müssen.

PM: Ja, da könnten manche unangenehme Überraschungen erleben…

JH: Manche glauben, sie dürften alles ausnutzen und sich über die Folgen keine Gedanken machen. Meine Erfahrungen aus den jenseitigen Welten zeigen mir aber, dass jede Seele Rechenschaft ablegen muss. Ich bin glücklich, dass es keinen strafenden Gott gibt, aber es gilt das Resonanz-Gesetz.

PM: Das Karma-Gesetz hört am Grab nicht auf!

JH: Kannst Du das etwas weiter ausführen?

PM: Die karmischen Strukturen könnte man bildhaft als eine durchlaufende Kette bezeichnen. Das Individuum, das mit dieser karmischen Kette verbunden ist, geht mit seinem Ableben ja nur eine Welt weiter. So wie es vor der Inkarnation mit seinen Engeln seinen karmischen Lebensplan geformt hat, indem es die ihm entsprechenden Elementar-Bausteine in seine feinstofflichen und in seinen grobstofflichen Körper eingebaut hat, so geschieht es auch nach dem Ablegen der physischen Hülle. Du wirst aufgrund deiner Seelenqualität zu jenen Wesen und Welten gezogen, die dir innerlich entsprechen. So wirkt das Resonanz-Gesetz, das wir auch als Karma-Gesetz bezeichnen können.

Wenn du ein aggressiver, geiziger oder bösartiger Mensch gewesen bist, dann wirst du in der Astralwelt sicher nicht mit den Engeln „Halleluja singen" und Blumen pflücken. Du wirst eher eine schwierige Phase durchleben; denn es kann sehr schmerzhaft sein, sein eigenes Verhalten in der Lebensrückschau von der anderen Seite aus zu erleben. Vom Täter zum Opfer! All das, was du anderen zugefügt hast, wirst du nun aus der Perspektive dessen erleben, dem es selbst zugefügt wurde. Du selbst wirst dein unbestechlicher Richter sein!

Du selbst wirst dein unbestechlicher Richter sein!

Schon Paulus hat in seinem Galater-Brief unmissverständlich geschrieben: „Was du säst, das wirst du ernten!“ Das wird leider für manche keine schöne Erfahrung sein. Wir wollen hier keinesfalls Angst verbreiten, sondern nur darauf hinweisen, dass das Gesetz von Ursache und Wirkung in *allen Welten und Sphären* gilt. Wie innen, so außen. Wie unten, so oben.

Wie innen, so außen.
Wie unten, so oben.

Wenn das physische Leben ein Ende gefunden hat, dann ist ja nur eine Form der Existenz zu einem natürlichen Ende gekommen. Die grobstoffliche Schwingung erlischt; aber das Wesen in seinen guten und schlechten Eigenschaften wird in eine astrale Sphäre aufsteigen und dort in allen seinen Aspekten fortbestehen.

Hat die Seele die astralen Ebenen durchlaufen, wird sie in die mentale Sphäre aufsteigen. Dort wird sie allerdings nur insofern ein bewusstes Leben führen, wie sie dies auch auf Erden gelebt hat. Wer während seiner Inkarnation nur nach seinen Emotionen gelebt und keine höheren Ideale gepflegt hat, wird diese Zeit in der Mentalwelt eher unbewusst verbringen. Die theosophische und die anthroposophische Literatur beschreiben diesen Entwicklungsprozess sehr detailliert.

Der jenseitige Aufenthalt dient also einerseits dazu, das aus der Inkarnation Mitgebrachte zu verarbeiten, andererseits die neue Inkarnation vorzubereiten. Die Seele baut jene Bausteine in ihre karmische Struktur ein, die sie im nächsten Leben bearbeiten möchte. Über der Mentalwelt gibt es noch höhere, lichtere Sphären, die aber den Normalmenschen noch nicht betreffen. Da finden wir nur die großen Heiligen und Erwachten…

JH: Aber wir bleiben natürlich zuversichtlich…

PM: Wir bemühen uns weiter! Zudem sollten wir hier vielleicht festhalten, dass diese geistigen Gesetzmäßigkeiten natürlich für jeden Menschen gelten, egal ob Christ, Hindu oder Muslim. Die Unterschiedlichkeit der Bilder, die manchmal aus Nahtod-Erfahrungen oder geistigen Schauungen berichtet werden, hängen sicher von der jeweiligen kulturellen Prägung des Individuums ab. Daher sehen Menschen in den jenseitigen Welten eine Christus-Figur, wenn sie Christen waren, Buddhisten sehen Buddha, Hindus Krishna oder Rama oder wen immer sie verehrt haben. Die Form ist zweitrangig, sie löst sich irgendwann auf – es zählt die geistige Haltung.

Die Form ist zweitrangig, sie löst sich irgendwann auf – es zählt die geistige Haltung.

Wir dürfen nicht vergessen: Die Menschheit ist noch in einem Frühstadium des Lernens! Viele neuzeitliche Veröffentlichungen zur Thanatologie, zu Nahtod-Erfahrungen oder zur Jenseitsforschung sind noch nicht sehr alt. Wir sprechen hier von jungen Forschungszweigen, die noch dazu sehr umstritten sind. Da wird den Befürwortern immer wieder das Steinzeit-Argument von der permanenten Beweisbarkeit und von der Reproduzierbarkeit vorgehalten. Das Sterben lässt sich nun aber nicht unter Laborbedingungen reproduzieren! Es ist jedes Mal ein einzigartiges Geschehen. Man kann also nur aus der Fülle der Erfahrungen ein Denkmodell, ein Abbild der Wirklichkeit ableiten. Das empirische Argument ist ja kein schlechtes. Aus den beeindruckenden Sterbe- oder Nahtod-Erfahrungen lässt sich schon ein Verständnis dessen erschließen, was uns nach dem Tod alle erwarten wird. Den Unterschied macht das Bewusstsein aus.

Den Unterschied macht das Bewusstsein aus.

JH: Das hat schon Goethe sehr treffend formuliert: „Du gleichst dem Geist, den du begreifst.“ Oder es gilt die alte hermetische Lehre: „Wie oben, so unten.“ Das Resonanz-Gesetz ist ebenso alt wie unbestechlich.

„Du gleichst dem Geist, den du begreifst.“

PM: Ja! Daher dürfte jene mediale Botschaft zutreffend sein, die beschrieb, dass sich in der Astralwelt erst einmal alle bei ihren vertrauten Gruppen versammeln: Die Zeugen Jehovas bei den Zeugen Jehovas, die Mormonen bei den Mormonen, die Katholiken zieht es zu den anderen Katholiken und die Protestanten zu ihresgleichen. Sie bleiben so lange vereint, bis sie erwachen und dann weiterwandern.

JH: Die gleiche Schwingung zieht in die gleiche Sphäre!

PM: Ja, weil sie sich im Vertrauten geborgen fühlen. Der Mormone würde sich nicht zu den Katholiken begeben – auch in den astralen Sphären nicht. Er wird so lange unter seinesgleichen verharren, bis er zu einer tieferen Einsicht kommt. Es scheint, wenn man den Jenseits-Erfahrungen Glauben schenken will, ein langer Prozess zu sein, bis man sich aus festen Glaubensstrukturen und Dogmen befreien kann. Sie sind fest in der Seele eingeprägt, werden für lange Zeit für absolute Wahrheiten gehalten. Erst indem man die Macht der alten Bilder durchschaut und überwindet, öffnet sich der Weg zu jener freien Spiritualität, von der bisher so oft die Rede war.

Es geht um die Liebe zu allem Leben!

JH: Je mehr Liebe man im Herzen trägt, desto schneller vollzieht sich dieser Prozess natürlich. Es geht um die Liebe zu allem Leben!

PM: Wenn diese Liebe sich entfaltet hat, lösen sich alle alten Begrenzungen umgehend auf. Keine Seele vertritt dann noch die Auffassung, sie wäre ein besserer Mensch, weil sie Christ, Hindu, Buddhist oder was auch immer sei. Die Bewertung entfällt, weil sie zutiefst lieblos und ausgrenzend ist. Je mehr die Liebe wächst, desto schneller fallen die bewertenden Abgrenzungen. Wenn das jenseitige Wesen liebevoll ist, was spielt es dann noch für eine Rolle, ob es einmal Hindu oder Mormonin war?

JH: Das ist völlig unwichtig. Mir hat beim Seelenbewusstsein oder bei den großen Fragen der Mystik auch eine Bemerkung der Engel geholfen, die sagen: Karma reicht weiter als das Gesetz von Ursache und Wirkung. Natürlich gelten die beschriebenen Gesetze für ein egoistisches oder für ein mitfühlendes Leben in der beschriebenen Weise. Was du säst, das wirst du ernten.

> Was du säst,
> das wirst du ernten.

Wir sollten vielleicht im Auge behalten, dass es beim Karma oft auch um Emotionen geht. Vielfach um unerlöste Emotionen. Wir bringen dieses ganze Gefühlsspektrum aus den vergangenen Leben mit. Wenn man betrachtet, was wir alles aus den vergangenen Leben mitbringen – Gutes wie Schlechtes – dann wird noch einmal ganz deutlich, wie wichtig es ist, aus dem Herzen zu leben. Dies bedeutet natürlich nicht, dass, symbolisch gesprochen, der Kopf keine Rolle spielt. Wenn es um Klarheit und kluge Entscheidungen geht, um einen unverstellten Blick auf die Welt, dann sind die mentalen Qualitäten unverzichtbar. Es geht vor allem darum, nicht in Bewertungen oder im Hass stecken zu bleiben. Selbstliebe und Eigenverantwortung beinhalten auch die Liebe zum Nächsten und zur Welt als ganzer. Das Leben erfährt ja keine Trennung, wenn wir die Erde verlassen, es geht ja im Jenseits ohne Unterbrechung weiter.

> Selbstliebe und Eigenverantwortung
> beinhalten auch die Liebe zum
> Nächsten und zur Welt als ganzer.

PM: Ich möchte an dieser Stelle eine ungewöhnliche eigene Erfahrung anfügen. Ich hatte einmal in einer inneren Erfahrung die Wahrnehmung, dass die Zeitschiene im Zusammenhang mit dem Karma überwunden werden kann, wenn du dich auf bestimmte karmische Ursachen beziehungsweise die Wirkungen, die sie ausgelöst haben, einschwingen kannst. Wenn solche Schlüsselmomente aus der Vergangenheit in der Meditation auftauchen, so kannst du aus der Liebe der Gegenwart heraus diese alten Ursachen transformieren. Gelingt es dir, dann begegnen dir die Auswirkungen im Jetzt in einer sanfteren, milderen Form. Hast du also in der Vergangenheit eine bestimmte Person mit Hass verfolgt, müsste es deine Zielsetzung sein, diesen Hass durch Liebe zu transformieren. Diese Verwandlung hätte dann Auswirkungen auf die karmische Verbindung in der Gegenwart.

Diese Erfahrung, die nur schwer exakt in Worte zu kleiden ist, hat mich damals sehr verblüfft. Ich ging davon aus, der Zeitpfeil würde nur in eine Richtung fliegen, und man sei nicht in der Lage, ihn dahingehend zu beeinflussen, dass die Gegenwart auf die Vergangenheit einwirken kann. Heute neige ich dazu anzunehmen, dass diese ursprüngliche Vorstellung nicht mit absoluter Gesetzmäßigkeit so verläuft. Es scheint möglich zu sein, aus der Liebe heraus alte Belastungen aufzulösen und damit die Gegenwart leichter und befreiter zu gestalten. Es leuchtet ja ein, dass eine Lektion, die gelernt wurde, nicht noch einmal – und schmerzhaft – erlernt werden muss.

Es scheint möglich zu sein, aus der Liebe heraus alte Belastungen aufzulösen und damit die Gegenwart leichter und befreiter zu gestalten.

JH: Das leuchtet völlig ein. Gerade die Mystiker spiegeln ja die Fähigkeit, ganz aus der Liebe heraus zu leben. So werden alle anstehenden Aufgaben schneller bewältigt. Das Leben ordnet sich neu. Manchmal wird das neu geordnete Leben so reichhaltig, dass man meint, mehrere Leben gleichzeitig in einer Inkarnation gelebt zu haben.

Gerade die Mystiker spiegeln ja die Fähigkeit, ganz aus der Liebe heraus zu leben.

PM: Ich glaube, dass hier vieles noch im Dunkeln liegt und seiner Erforschung harrt. Wir kennen noch nicht ansatzweise die Gesetzmäßigkeit, nach der die Liebe das Gesetz aufhebt. In der vedischen Tradition gibt es die Vorstellung, wonach der Meister das Karma des Schülers auf sich nimmt und – etwa durch eine Krankheit – so verbrennt. Man darf das Bild nicht überzeichnen. Es meint wohl, dass ein erleuchtetes, vollkommen geordnetes Bewusstsein jene alten unerlösten Strukturen auflöst, indem es sie in die vollkommene Ordnung des Lebens emporhebt. Das ist ein sehr tiefsinniges Konzept. Es sagt uns auch viel über die Gesetzmäßigkeit von Krankheit und Gesundheit.

Wir kennen noch nicht ansatzweise die Gesetzmäßigkeit, nach der die Liebe das Gesetz aufhebt.

Im Christentum gibt es zu diesem Komplex ein ähnliches Konzept – das stellvertretende Sühneleiden. So würden wir es orthodox christlich bezeichnen; esoterisch würden wir natürlich vom Karma sprechen. Es geht im Kern immer um die Auflösung von alter Schuld durch Liebe. Das ehemalige Dunkle wird mittels der Liebe durchlichtet. Das Gesetz des Ausgleichs ist unerschütterlich. Es wirkt in alle Ewigkeit. Doch das *Wie* des Ausgleichs weist offensichtlich viele Möglichkeiten auf. Die Verwandlung von Karma durch Liebe ist eines der faszinierendsten Gebiete der Esoterik, das bisher noch kaum erforscht ist.

Die Verwandlung von Karma durch Liebe ist eines der faszinierendsten Gebiete der Esoterik.

JH: Deshalb gehört zu einem bewussten Leben und zum Heil-Werden auch die liebevolle Selbsterkenntnis.

PM: Das ist die Grundlage.

JH: Die liebevollen Handlungen sind so machtvoll, dass dadurch Veränderungen geschehen können, die das Wort Wunder angebracht erscheinen lassen. Ich finde hier meine kosmische Kraft widergespiegelt.

PM: Ich neige dazu, in diesem Zusammenhang vom „kosmischen Mitgefühl" zu sprechen. Ich glaube, die großen Gottesboten oder Avatare haben diese Transformationen im planetarischen oder kosmischen Rahmen bewirkt. Sie haben ganz viel Unordnung geordnet und ganz viele Dunkelheit durchlichtet, indem sie das gewaltige Opfer brachten, aus der unendlichen kosmischen Weite in die Begrenztheit der physischen Form herabzusteigen. Dieses Opfer muss ungeheuer sein. Wir können das als begrenzte Menschenkinder wohl nicht erfassen.

JH: Kommen wir nicht alle aus der Liebe heraus auf die Erde? Wir werden doch nicht herunter geschubst.

PM: Ich habe es vielleicht nicht präzise genug formuliert: Die meisten Menschen inkarnieren aus der Gesetzmäßigkeit auf der Erde, um zu reifen und geistig zu wachsen. Die großen Gottesboten und Lichtbotschafter müssten nicht auf der Erde inkarnieren, um geistig zu wachsen. Sie erbringen ein freiwilliges Opfer, wenn sie in eine materielle Sphäre hinabsteigen.

JH: Aus der Liebe heraus ist es dann aber doch kein Opfer mehr?

PM: Das hängt vielleicht am Blickwinkel. Was uns möglicherweise als großes kosmisches Opfer erscheint, mag für diese „Großen im Geiste“ dann kein Opfer mehr sein. Ich vermag es mir aus meinem Bewusstsein heraus nicht in seiner gewaltigen Größe vorzustellen. Wer dieses Mysterium zu durchdringen vermag, ist sicher zutiefst beeindruckt. Aber wie es ohne diese Liebe der Avatare auf Erde aussehen würde, möchte ich mir lieber nicht vorstellen.

JH: Die erwähnten jungen Forschungsgebiete wie Thanatologie oder Nahtod-Erfahrungen werden unser Thema Seelenbewusstsein ganz sicher fördern. Ich möchte aber in diesem Zusammenhang noch auf ein ganz aktuelles Thema zu sprechen kommen – die Organspende. Wenn wir über das Spenden von Organen sprechen, müssen wir ganz selbstverständlich auch auf die Seele kommen. Ich will das anhand eines Beispiels verdeutlichen. Ein

Handwerker bekam ein neues Herz eingepflanzt – und zeigte dann gänzlich veränderte Persönlichkeitszüge. Er begann beispielsweise, sich intensiv für klassische Musik zu interessieren, für die er in seinem 'früheren' Leben nicht das geringste Interesse gezeigt hatte. Als man dann nachzuforschen begann, von wem er sein Spenderherz erhalten hatte, dann stellte sich heraus: Es war ein klassischer Musiker!

Wo ist die Seele bei einer Herztransplantation?

Das drängt einem doch die Frage auf: Was transplantiert man da eigentlich? Wo ist die Seele bei einer Herztransplantation? Offensichtlich beseelt sie auch sämtliche Organe, wodurch eine Form des Bewusstseins bei der Transplantation weitergegeben wird. Die Seele verlässt den Körper erst, wenn das Herz zu schlagen aufhört. Im Fall der Organspende wird das Herz aber bereits nach dem festgestellten Hirntod entnommen. Das bedeutet in Wahrheit: Es wird nicht das Organ eines Toten, sondern eines noch lebenden Menschen entnommen!

PM: Eine Erkenntnis, die in der gegenwärtigen Diskussion überhaupt nicht berücksichtigt wird!

JH: Es ist wichtig zu beachten, dass man diesem Menschen nicht nur den spirituell überaus wichtigen Sterbeprozess nimmt, sondern ihn zumeist auch noch ohne Betäubung aufschneidet. Zumindest die Betäubung sollte vorgeschrieben sein. Es wäre für die Seele deutlich leichter, ihre einstige Hülle zu verlassen, wenn sie nicht noch unter Nervenschmerzen leiden muss. Wenn die

Seele den Transplantationsprozess bewusst miterleben muss, kann sie sich möglicherweise nicht vollständig aus dem Körper lösen. Sie bleibt – zumindest partiell – noch mit den Organen ihres einstigen physischen Trägers verbunden.

Es wäre segensreich, wenn ein Organempfänger mit einem Dank- oder Vergebungsritual dem Organspender danken würde und dessen Seele so für ihren weiteren Weg befreien könnte. Sonst wären tatsächlich zwei Seelen oder Seelenteile in einem Körper vereint. Das widerspricht den geistigen Gesetzen.

Es wäre segensreich, wenn ein Organempfänger mit einem Dank- oder Vergebungsritual dem Organspender danken würde.

PM: Ja, es schadet sowohl dem Spender als auch dem Empfänger. Ich kenne Berichte von Krankenschwestern oder Anästhesisten, die ihren Beruf aufgegeben haben, weil sie überzeugt waren: „Wir bringen eigentlich Menschen um!“

JH: Man bekommt große ethische Bedenken, wenn man darüber nachzudenken beginnt.

PM: Sobald man über Organspende spricht, muss man sich vor Augen führen, dass es nicht um ein blutiges Stück Fleisch geht, sondern um ein beseeltes Organ. Ein bewussterer Umgang damit könnte es dem Empfänger vielleicht erleichtern, das Spenderorgan zu integrieren. Es wäre eine faszinierende Beobachtung, ob der normale Abstoßungseffekt sich dann nicht zeigen würde, wenn man das Organ liebevoll integriert hätte.

JH: Das Seelische wäre dann in Dankbarkeit angenommen.

PM: Das würde wahrscheinlich den ganzen Prozess verändern.

JH: Es käme dann wohl auch eine andere heilende Kraft mit. Wir behandeln dann die betroffenen Seelen mit einer ganz anderen Würde. Es geht nie um ein Stück Fleisch, sondern immer um eine unsterbliche Seele.

> Wir behandeln dann die betroffenen Seelen mit einer ganz anderen Würde.

Die moralische Frage des Für und Wider von Organspenden bleibt davon unberührt. Ich persönlich kenne einige Menschen, die zutiefst dankbar dafür sind, eine „zweite Chance" bekommen zu haben. Diese Frage muss jeder für sich selbst entscheiden.

PM: Es wäre ein weiteres faszinierendes Studiengebiet, wenn wir Menschen fänden, die aufgrund ihrer geistigen Fähigkeiten in der Lage wären, die karmischen Verbindungen zwischen Spender und Empfänger zu untersuchen. Ich bin sicher, es kämen unglaubliche Geschichten aus der Vergangenheit ans Licht. Es ist doch kaum vorstellbar, dass es zwischen dem ehemaligen 'Besitzer' des Spenderherzens und dem neuen Empfänger keine karmische Verbindung gibt. Es gibt bisher noch keine einzige Publikation zu diesem Geschehen – aber vielleicht bekommen wir da demnächst eine Erhellung.

JH: Auch bei diesem ungewöhnlichen Feld des Menschlichen zeigt sich doch immer wieder, dass in allem Geschehen die Liebe unsere wahre Kraftquelle ist. In der Liebe finden wir die Antworten auf alle Fragen!

5.

Die Liebe und die Engel

JH: Die lichtvolle geistige Welt kennt keinen Stress. Wenn wir uns also auf unsere göttliche Seele einstimmen, wird uns das Empfinden von Liebe und Urvertrauen näher sein als jenes von Angst und Panik. Daher ist das Leben eines Mystikers geprägt von Liebe, Achtsamkeit und Verständnis. Der Ausdruck „Seelenbewusstsein" drückt diese Kraft des innigen Gottvertrauens bereits aus. Wenn man ihn mit einer Lebensphilosophie umschreiben möchte, dann dürften darin die Worte tiefe Psychologie oder tiefes psychologisches Verständnis nicht fehlen. Spiritualität ohne Psychologie ist für mich nicht vollständig, denn wir müssen lernen, unsere Emotionen zu verstehen. Psychologie ohne Spiritualität wiederum ist ebenfalls begrenzt. Es geht um ein Brückenbauen zwischen den Welten – und der Mensch muss immer im Mittelpunkt stehen.

Die lichtvolle geistige Welt kennt keinen Stress.

PM: Wobei wir uns vielleicht darauf verständigen sollten, das Wort „Psychologie“ von seinem Ursprung her zu verstehen: Die Psyche und der Logos. Wörtlich übersetzt sprechen wir also vom Logos, von der Weisheit der Seele. Dieses Verständnis steht diametral im Gegensatz zu einer materialistischen Psychologie, die es auch in weiter Verbreitung gibt.

JH: Ja, es ist wichtig, das deutlich zu unterscheiden. Wenn ich in meine Biographie schaue, dann waren für mich weniger persönliche Lehrer die großen Vorbilder, die mich inspiriert haben. Auch innerhalb meiner Familie habe ich das nicht gefunden; sondern ich habe weitgehend von den Engeln lernen dürfen. Als ich mit ihrem wundervollen Reich in Kontakt kam und erste Botschaften erhielt, begann ich, diese in meinem alltäglichen Leben umzusetzen und zu verwirklichen. So konnte ich in den „Fluss des Lebens“ eintreten.

> Sich der Weisheit des Herzens zu überlassen, erfordert Mut. Mystik ist nichts für Feiglinge!

Über diese Verbindung wurden dann auch Menschen in mein Leben gezogen, die wahrhaft vertrauenswürdig waren – in erster Linie natürlich mein Mann. Allmählich drückte sich die Schönheit der Innenwelten auch in der Außenwelt aus. Allerdings musste ich, indem ich dem Weg meines Herzens folgte, häufig gegen den Strom der Gesellschaft schwimmen und deren Forderungen oder denen meiner Ursprungsfamilie widersprechen. Geistige Schau hat daher viel mit Loslassen, mit Annehmen und Seinlassen zu tun. Sich der Weisheit des Herzens zu überlassen, erfordert Mut. Mystik ist nichts für Feiglinge!

PM: Dabei dürfen wir dankbar sein, dass wir das Bekenntnis zur Mystik oder zu einer mystischen Lebensführung heute nicht mehr mit dem Tod bezahlen müssen, wie das noch vor einigen Jahrhunderten der Fall war. Heute spielt die Inquisition außerhalb der Kirche keine Rolle mehr. Aber im Jahr 1600 wurde Giordano Bruno noch in Rom von ihr verbrannt, weil er ein kosmozentrisches Weltbild vertrat, das die Erde ihrer Sonderstellung beraubte. Eine Todsünde zur damaligen Zeit. Wir könnten auch die Hexenverbrennungen des Spätmittelalters heranziehen, da wurden viele weise Frauen mit seherischen und heilerischen Fähigkeiten gequält und getötet. Wir können aber auch in andere Religionen schauen. Nehmen wir etwa die Sufis, die tiefen Mystiker im Islam, von denen viele ihre religiösen Freiheitsbestrebungen mit dem Leben bezahlten.

Ich finde es bemerkenswert, dass vor allem auf dem Gebiet der Heilung Frauen Außerordentliches geleistet haben, etwa im Bereich der Pflanzenheilkunde. Hätten sich ihr Menschenbild und ihre Heilkunde behauptet, sähe es heute anderes aus. So aber hat sich die „maskulin geprägte“ Pharmakologie durchgesetzt; mit all den „Nebenwirkungen“, die wir heute verzeichnen. Wenn sich ein neues Seelenbewusstsein manifestieren wird, dann dürfte es sehr weiblich geprägt sein!

Wenn sich ein neues Seelenbewusstsein manifestieren wird, dann dürfte es sehr weiblich geprägt sein!

JH: Ich bin so dankbar, wenn ich meinen Schutzengel betrachte, seine Farben und seine lichtvollen Symbole, dass ich von ihm ein wunderbares Wissen und eine tiefe Weisheit verinnerlichen durfte. Mein Herz wird von einer allumfassenden Liebe erfüllt. Ich kann aus seinen Botschaften Mut schöpfen oder eine heilige Stille erfahren. So kann ich mein Leben lichtvoll, sinnvoll und heilsam gestalten. Für mich sind die Engel sowohl Wegweiser als auch Vermittler einer liebevollen Lebensphilosophie. In dem Maße, wie ich mich in diese Lebensphilosophie hineinversetze, erfasse ich immer mehr von dieser spirituellen Psychologie und lerne, den Menschen dort abzuholen, wo er steht. Damit sind für mich die Engel im wahrsten Sinne des Wortes weise Lehrer dieser Lebensphilosophie und schenken mir stets eine Orientierung im Leben.

Für mich sind die Engel sowohl Wegweiser als auch Vermittler einer liebevollen Lebensphilosophie.

Die Mystiker waren früher und sind es wohl auch noch heute, gleichsam Engel auf Erden. Sie verwirklichen in ihrem Leben diese liebevolle Lebensphilosophie und bringen die Göttlichkeit auf die Erde. Sie offenbaren diesen Frieden und diese himmlische Harmonie in ihrem Leben.

PM: Ich sehe das ganz genauso. Ich war sehr beeindruckt, als ich bei dem großen Theosophen Charles W. Leadbeater einmal las, dass das Wirken der Engel in einem erheblichen Ausmaß abhängig vom Handeln ihrer irdischen Schützlinge sei. Die Engel arbeiten mit jenen Kräften, die von uns im Gebet oder in der

Meditation 'nach oben' freigesetzt werden. Sie können diese positiven Ausstrahlungen nutzen, um damit auf uns rückzuwirken. Leadbeater ergänzte dann noch, dass viele unserer positiven Gedanken gewissermaßen in ein großes „kosmisches Reservoir" einfließen, aus dem heraus die Engel schöpfen können, um helfend einzuwirken. Dann spürt ein Kind plötzlich eine federleichte Berührung an der Schulter und hält inne, während in dieser Sekunde ein LKW an ihm vorbei braust. Es gibt sicher unzählige solcher Begebenheiten, die gar nicht dokumentiert sind.

Leadbeaters Ausführungen zum Karma und zum Wirken der Engel sind beeindruckend. Er geht davon aus, dass schwerwiegende karmische Verbindungen individuell ausgeglichen werden müssen, andere Auswirkungen, zumeist positive, fließen in etwas ein, was ich scherzhaft vielleicht einen „Gutes-Karma-Topf" nennen würde. In dem befinden sich unsere vielen guten Gedanken, und aus diesem schöpfen die Engel, um ihr wunderbares Wirken auszuführen. Wir haben es also mit einer zweifachen Wirkung zu tun: Aus dem Guten, das von den Menschen aufsteigt, können die Engel schöpfen, um heilend und helfend auf Erden einzugreifen.

Aus dem Guten, das von den Menschen aufsteigt, können die Engel schöpfen, um heilend und helfend auf Erden einzugreifen.

Neben unserem persönlichen Schutzengel, der sich ganz individuell um uns bemüht und unser geistiges Wachstum fördert, gibt es mächtige Engelscharen, die immer dort eingreifen, wo große Not herrscht und Hilfe aus dem Himmel erlaubt ist.

JH: Das ist eine schöne Beschreibung vom Wirken der Engel.

PM: Es hat mich auch sehr beeindruckt. Man könnte auch von einem himmlischen Wasserfall sprechen, der sich zwar aus einer irdischen Quelle speist, seine segensreiche Flut aber wieder zur Erde herabsinken lässt.

JH: Dieses schöne Bild ist neu für mich. Unsere Seelen sind ja, um ein weiteres Bild zu wählen, wie ein Hauch, wie göttlicher Atem; und die Engelsschwingen der Liebe behüten unsere lichten Seelen. Die Boten Gottes erinnern uns durch ihre liebevolle Schwingung an unsere wahre Natur und damit auch an unsere wahre Stärke. Mit den Engeln zu leben, ist für mich etwas ganz Natürliches. Manchmal kritisieren Einzelne das so, als ob die Engel Gott Konkurrenz machen würden.

Die Boten Gottes erinnern uns durch ihre liebevolle Schwingung an unsere wahre Natur und damit auch an unsere wahre Stärke.

PM: Ja, diese abstruse Vorstellung findet sich auch schon in der Frühzeit.

JH: Nach dem Motto: Liebe Grüße aus Absurdistan! Die Engel machen uns einfach diese Unfassbarkeit des unbegreiflichen Gottes ein wenig begreifbarer. Jeder Mensch, der mit den Augen des Herzens schaut, kann seinen eigenen Zugang zu dieser Welt der Engel finden. Aus der großen inneren Quelle der Inspiration kann er jene Antworten erhalten, die er benötigt. Es ist doch unser einziges Ziel: Aus dem Herzen zu leben!

Es ist doch unser einziges Ziel: Aus dem Herzen zu leben!

PM: Ich denke, wenn wir über die Engel sprechen, gerne an meine verehrte Lehrerin Flower A. Newhouse. Auch für sie war das Leben mit den Engeln so vertraut wie Wind und Wolken. Sie beschrieb die Wesen aus den lichten Reichen so, als würde sie eine schöne Wiese beschreiben. Erst als sie die verblüfften Gesichter ihrer Zuhörer sah, erinnerte sie sich wieder daran, dass nur sie in dieser Welt zu Hause war. Es war ihr alles einfach völlig vertraut.

Sie erwähnte mir gegenüber etwas über die Aufgaben der Engel-Hierarchien, das durchaus nahe an das heranreicht, was ich von Leadbeater zitiert habe. Es gibt die persönlich wirkenden Engel, die ähneln in ihrem Wirken dem, was wir über die Schutzengel schon angesprochen haben. Sie kümmern sich um Einzelschicksale. Auch die „Heilengel“ gehören zu dieser Kategorie, sie wirken vorrangig in Krankenhäuser und Praxen.

Über diesen zahlreichen Scharen wirken Engel, die eher im Unpersönlichen aktiv sind. Sie strahlen machtvolle Gedankenformen auf die Welt aus, die von kreativen Menschen aufgenommen werden. Daraus entstehen große Erfindungen oder herausragende Kunstwerke. Die Michelangelos und Raffaels dieser Welt schöpfen aus dieser Inspiration, die nicht persönlich ausgerichtet ist. Diese Engel stehen also nicht hinter den Künstlern und malen die Sixtinische Kapelle aus, sondern diejenigen, welche für ihre Inspiration empfänglich sind, nehmen diese auf. Ihre Umsetzung ist dann ihre eigene kreative Leistung. So wirken Inspiration und menschliche Kreativität – es ist ein Empfangen und eine eigene Leistung!

Egal ob Du Raffael oder Goethe nimmst, Botticelli oder Schiller, hinter allen großen Werken der Kunst erkennen wir die gleiche göttliche Grundschwingung. So verstehen wir dann auch den Satz von Schelling: „Kunst ist die Offenbarung des Absoluten in der Form." Es erfordert einige tiefere Gedanken, um das Mysterium von Inspiration und menschlicher Kreativität zu verstehen. Bildlich gesprochen, könnte man vereinfacht sagen: Die Engel führen nicht den Pinsel von Raffael und auch nicht die Feder von Goethe. Es ist ein menschlicher Beitrag erforderlich, um diese Kunstwerke zu erschaffen. Es geht um ein Zusammenwirken zweier Welten, andernfalls könnten die Engel die Bilder selber malen oder den „Faust" schreiben.

„Kunst ist die Offenbarung des Absoluten in der Form."

JH: Das kann ich nur absolut unterstreichen. Ich finde sogar, diese Aussage gilt nicht nur für die „Feingeister", sondern auch ein Politiker, der ernsthaft für den Frieden wirkt, kann von einer „Muse geküsst" werden, wenn er sich in der Stille und Achtsamkeit auf eine höhere Welt ausrichtet und um himmlische Führung bittet. Hier sind die Verstandeskräfte außerordentlich wertvoll.

Wenn es um unser eigenes Leben geht, um die erwähnte liebevolle Lebensphilosophie, dann spielt das Empfinden eine große Rolle, das unser Innerstes für eine höhere Kraft öffnet, für die großen Mysterien des Lebens. Hierfür sind nicht Worte wichtig, nicht ein intellektuelles Verstehen, sondern das Spüren einer allumfassenden Liebe schenkt wahres Vertrauen.

Nicht ein intellektuelles Verstehen, sondern das Spüren einer allumfassenden Liebe schenkt wahres Vertrauen.

Man kann stundenlang über die Liebe sprechen, doch dabei bleibt sie irgendwie bloß eine Idee. Aber wenn wir uns einmal umarmen, dann spüren wir sie. In einer tiefen Versenkung in der Meditation umarme ich mich gewissermaßen selbst. Das geschieht natürlich auch ohne Worte. Ich nehme einfach meine Gefühle wahr. Genauer gesagt: Ich lenke mich nicht von meinen Gefühlen ab. Ich setze mich nicht ununterbrochen mit meinen persönlichen Dramen auseinander, mit meinen Prägungen oder dem erfahrenen Leid, sondern richte meine Aufmerksamkeit auf meine innerste Menschlichkeit, dort finde ich den tiefsten Liebesbeweis der Schöpfung.

Ich beobachte beispielsweise: Wo ist die Angst? Wo ist die Liebe? Wie kann ich eine Brücke errichten von der Angst zur Liebe? Das geschieht unabhängig davon, welche Widrigkeiten auftreten mögen. Es hilft dabei, sich auch den eigenen Schattenseiten zu stellen, sie genau anzuschauen. Dabei gilt es, das Gesetz zu beachten: Das eigene innere Licht, das Seelenlicht, wirft niemals einen Schatten. Das mystische Licht wirft keinen Schatten. Wir müssen das Unverständnis, die eigene Disharmonie selber klären. Dann führt der Weg des Mystikers vielleicht nicht unmittelbar zu Gott, sondern zur tiefsten eigenen Menschlichkeit. Dann ist es der höchste Anspruch im Leben, einfach ein zufriedener Mensch zu sein. Es geht letztlich in allem um die Anbindung an das geistige Leben, nur dort finden wir für unsere Probleme Hoffnung, Zuversicht und Trost. Ohne diese Geschenke des Himmels würden wir als Menschen nicht zurechtkommen.

Hoffnung, Zuversicht und Trost. Ohne diese Geschenke des Himmels würden wir als Menschen nicht zurechtkommen.

PM: Der Mystiker ist in der Versunkenheit, in der er mit einer höheren Wirklichkeit vereint ist, erstens gesegnet und zweitens unendlich glücklich. Das Wissen darum dürfte den Dalai Lama bewogen haben zu seiner Aussage: In einem wären sich die Religionen einig, dass nämlich jeder Mensch im Grunde seines Wesens nach Glück suche.

„Jeder Mensch sucht im Grunde seines Wesens nach Glück."

JH: Im Grunde ist das unser aller Geburtsrecht, nicht nur das des Mystikers.

PM: Ganz einverstanden: Das Geburtsrecht aller, nicht nur der Mystiker! Allerdings sollte man noch einen Blick auf das werfen, was allgemein in unserer Gesellschaft unter „Glück“ verstanden wird. Da heißt es: Ich bin glücklich mit meiner Freundin/meinem Freund; oder man ist glücklich, weil die Tochter eine gute Note erhalten hat. Das ist das kleine Glück des Alltags.

Die Glückseligkeit des Mystikers existiert auf einer anderen Ebene. Alles Vergängliche ist zurückgeblieben. Es ist ein Glück jenseits des Irdischen; doch es kann eine Sehnsucht auslösen, die von irdischen Süchten nur noch eine Nuance entfernt ist. Menschen mit einer Nahtod-Erfahrung schildern beispielsweise ihr unsagbares Glücksgefühl und ihre Weigerung, wieder in ihren irdischen Körper zurückzukehren. Die Sehnsucht, dass „göttliche Licht“ wiederzuerleben, wenn wir es hier einmal so bezeichnen wollen, ist immens. Kein Wunder, dass sich Mönche oder Einsiedler in allen Traditionen für Jahre in Höhlen zurückziehen und meditieren – nur um wieder mit diesem LICHT vereint zu sein. Nahtod-Erfahrene und Mystiker liegen hier in ihren Wünschen nahe beieinander.

Doch das Gute ist: Du kannst diese Erfahrung nicht künstlich herbeiführen. Die „unio mystica“ ist nicht manipulierbar. Sie ist immer eine Gabe. Die Verbindung mit dem Göttlichen erfahren zu dürfen, ist ein Geschenk – und letztlich ist es GNADE. In der Mystik gibt es in diesem Zusammenhang den Begriff der „Dunklen Nacht der Seele“. Damit wird das Verlangen und das Verzehren nach dem

Die Verbindung mit dem Göttlichen erfahren zu dürfen, ist ein Geschenk – und letztlich ist es GNADE.

Göttlichen Geliebten beschrieben, das die Mystiker verspürten, wenn sie wieder in ihr alltägliches Bewusstsein zurückkehren mussten.

Wo ist mein göttlichen Gegenüber? Wo ist dieses unendlich beglückende Gefühl? Wo ist die allumfassende Liebe?

Sie ist immer da, nur das eigene Bewusstsein ist noch nicht reif genug, um für immer in dieser mystischen Einung zu verbleiben. Für viele Menschen auf dem mystischen Pfad scheint diese Phase der zeitweiligen Trennung von Gott die größte Herausforderung darzustellen. Es bedarf großer Beharrlichkeit und stellt die vielleicht letzte große Prüfung auf dem Geistigen Pfad dar, die „dunkle Nacht“ zu durchwachen und auszuharren, bis das LICHT wieder da ist.

JH: Ich kann das vielleicht nur schwer beurteilen. Ich spüre diese Anbindung als eine dauerhafte Erfahrung. Ich bemühe mich auch täglich in meinen Meditationen, morgens, mittags und abends, diese Verbindung aufrechtzuerhalten. Ich habe vermittels meiner Hellsichtigkeit gleichsam ein ständig offenstehendes Tor zu diesem Glück. Eigentlich wird mir erst jetzt, wo wir darüber sprechen, bewusst, dass ich dieses Gefühl des Getrenntseins gar nicht kenne.

PM: Die Hellsichtigkeit ist vielleicht der Schlüssel. Auch von Flower A. Newhouse oder Dora Kunz habe ich solche Empfindungen nie gehört. Wenn man Flower oder Dora gesagt hätte, man habe die Verbindung zur Engelwelt verloren, dann hätten sie wohl geantwortet: Keine Sorge. Es ist alles in Ordnung. Ich sehe sie!

Ein Mystiker ist aber keinesfalls immer mit Hellsichtigkeit gesegnet. In ihren Versenkungserfahrungen sind sie mit diesem LICHT verbunden, aber nur die wenigsten können diese Verbindung im Alltag kontinuierlich aufrechterhalten. Es gibt für sie kein „Non-Stop-Gottesbewusstsein". Sie vergessen diese Einheitserfahrung niemals, weshalb es ja auch keine Ex-Mystiker gibt, aber sie kommen wieder im normalen Alltag an und müssen Holz hacken, Autofahren und Wäsche waschen.

JH: Das ist sehr erdend!

PM: Sehr erdend! Und vielleicht ist es für sie auch lebenswichtig, diese Erdung zu erfahren.

JH: Unbedingt! Sonst kann man ernsthaft erkranken.

PM: Man verliert die Bodenhaftung. Es soll ja bekanntlich nur derjenige mystische Erfahrungen anstreben, der mit beiden Beinen fest auf dem Boden steht.

JH: Richtig, sonst kann die Grenze zwischen Genie und Wahnsinn schnell sehr dünn werden. Wenn man einmal diese Erfahrung des Aufgehobenseins als göttliche Seele erfahren hat, dann gibt es keinen Weg zurück. Man bleibt auf diesem Pfad, was immer einem eine materialistische Welt an Gegenargumenten auch vorhalten mag.

PM: Die mystische Erfahrung war und ist ja so dramatisch transformierend, dass die Menschen, die sie erlebt haben, sogar in den Tod gingen, statt sie zu verleugnen. Die Inquisitoren aller Religionen konnten diese Mystiker nicht zum Abschwören nötigen. Sie besaßen die gewaltige Kraft, auch durch den Tod gehen zu können.

Sie waren sich gewiss, nie tiefer fallen zu können als in Gottes Hände.

JH: Ich würde es als „absolutes Wissen" bezeichnen. Es war keine Überzeugung, sondern wahre Bewusstheit. Sie waren sich gewiss, nie tiefer fallen zu können als in Gottes Hände.

PM: Es ist allerdings doch etwas anderes, wenn wir dies jetzt so ruhig feststellen, als wenn Du in irgendeiner Arena stehst und der Löwe kommt auf Dich zugerannt.

JH: Zum Glück brauchen wir diese Erfahrung nicht mehr.

PM: Ich habe allerdings großen Respekt für Menschen, die für ihren Glauben wirklich einstanden. Da muss schon eine tiefe Anbindung vorhanden gewesen sein. Leider ist die Verfolgung Andersgläubiger ja nicht im 20. oder 21. Jahrhundert zu Ende gegangen. Wir brauchen nur nach Myanmar oder Syrien zu schauen. Da sterben auch heute noch Menschen, weil sie an ihrem Glauben festhalten. Ich empfinde dafür Hochachtung.

JH: Ja, umso dankbarer bin ich, dass wir hier Meinungsfreiheit und Glaubensfreiheit haben. Beides ist wichtig, um sein Bewusstsein zu erweitern.

PM: Trotzdem müssen wir uns bewusst sein, dass es in einem der Nachbarhäuser einen Mann gibt, der seine Frau in eine obskure Sekte zwingt.

JH: Oder umgekehrt.

PM: Oder umgekehrt. Das gibt es leider auch noch am Anfang des 21. Jahrhunderts.

JH: Wie kann es geschehen, dass im Zeitalter der Freiheit die Sekten immer noch nicht ausgestorben sind? Was macht eigentlich eine Sekte aus?

PM: Das ist nicht so einfach zu beantworten, weil es oft nur um Quantität geht. Aus der Sicht der orthodoxen Kirchen gehören Menschen, die an Reinkarnation glauben und behaupten, Engel zu sehen, auch einer „Sekte" an. Wie oft standen wir schon unter der Beobachtung der „Sekten-Beauftragten" der beiden großen Amtskirchen!

JH: Das stimmt leider. Es gibt auch die großen, anerkannten „Sekten". Für mich ist es eine Kernfrage, wie so viele Menschen sich einem bestimmten Dogma zuwenden können. Vielleicht weil sie auf der Suche sind und noch keinen inneren Halt gefunden haben; und dann glauben sie auf Gedeih und Verderb irgendetwas. Deswegen halte ich es für so wichtig, über alles zu sprechen, nachzudenken, zu prüfen und kritisch zu hinterfragen. Man darf niemals einfach alles annehmen; stets sollte man sich seine eigene Meinung bilden. Nur dann folgt man seinem eigenen Herzen.

Wenn ich alles einer äußeren Autorität überlasse, verrate ich meine Eigenverantwortung und Selbstliebe. Ich mache es mir nur scheinbar leichter, wenn ich bedenkenlos Fegefeuer und einen strafenden Gott akzeptiere. Unwissenheit schützt nicht vor unangenehmen Folgen.

PM: Allen diesen Menschen möchte man einen Satz von Krishnamurti zurufen: „Wenn du beginnst, jemandem zu folgen, hörst du auf, der Wahrheit zu folgen!"

JH: Eine erschütternde Wahrheit!

PM: Der Satz könnte auch in der „Bergpredigt" stehen. Wenn man ihn einmal in der Seele verstanden hat, kann man eigentlich nicht mehr auf Abwege geraten.

JH: Das ist das Urvertrauen! Daher ist es wichtig, jeden Tag in Verbundenheit mit dem Fluss des Leben zu bleiben. Jeder Tag ist lebenswert; und wenn wir aus der Anbindung heraus leben, dann sehen wir „mit dem Herzen gut"!

6.

Lebensfreude und Ernsthaftigkeit

JH: Glück benötigt die Stille. Aus der Stille des Herzens heraus kann Heilsames und Mystisches erwachen. Im lauten Getöse des Alltags kann dies nicht geschehen. Daher ist es so wichtig, sich auch im oft hektischen Alltag Oasen der Stille zu erschaffen. In ihnen können wir uns mit unserer Herzenskraft verbinden und unsere göttliche Anbindung erfahren, die uns Orientierung im Alltag schenkt. Der Zugang zum Göttlichen steht ja nicht nur für die Einsiedler offen, sondern er ist auch für uns zugängig, um unser Menschsein zu stärken.

Aus der Stille des Herzens heraus kann Heilsames und Mystisches erwachen.

Wir verbinden den Mystiker oft mit Ernsthaftigkeit. Eine Eigenschaft, die für diesen Pfad auch wirklich benötigt wird, um in der Tiefgründigkeit allen Zweifeln und Anfechtungen widerstehen zu können.

Für mich ist jedoch die Lebensfreude der Schlüssel zur lichtvollen geistigen Welt. Glücklicherweise müssen wir heute in der Regel nicht mehr um unser Überleben kämpfen und dürfen auch unsere Wahrheit offen aussprechen und unsere Empfindungen mitteilen. Freude ist wahrlich erlaubt! Tiefgründigkeit ist berechtigt; aber Lebensfreude ist die Lobpreisung für Gottes Schöpfung! Dabei spielt auch die Freude am Lächeln eines anderen Menschen eine Rolle. Es ist eine Grundeinstellung dem Leben gegenüber, die sich an einer Blume erfreut, an jedem Aspekt der Schöpfung. So zeigt sich die Wertschätzung für alles Leben. Du hast ja einige der großen Mystiker kennengelernt: Kann man mit denen auch lachen?

Freude ist wahrlich erlaubt!

PM: Man kann mit ihnen ganz bestimmt herzhaft lachen. Krishnamurti hat gerne gelacht, Flower Newhouse ebenso. Lama Govinda war ein sehr humorvoller Mensch; und wenn Dora Kunz bei einer Veranstaltung in ihr unwiderstehliches Lachen ausbrach, dann lag der ganze Saal am Boden.

Wenn ich aber noch einmal auf Deine Worte zum Glück zurückkommen darf. Die von mir gerade genannten Mystiker würden über das Glück vielleicht die Überschrift gesetzt haben: „Das Glück liegt in den einfachen Dingen!“ Du hast ja mit dem Hinweis auf das Lächeln bereits angedeutet: Diese „einfachen Dinge“ kann man nicht kaufen. Du kannst dir den dritten Porsche und den vierten Ferrari in den

„Das Glück liegt in den einfachen Dingen!“

Hof stellen, du kannst dir eine protzige Yacht kaufen und ein eigenes Flugzeug leasen, mit dem du über den Ozean nach New York zum Shoppen fliegst – echtes Glück aber sieht anders aus!

JH: Das glaube ich sofort.

PM: Du kannst auch sechs Rolex-Uhren besitzen und jeden Tag eine andere tragen...

JH: Aber man kann damit keine Zeit kaufen!

PM: Ja. Man kann damit keine Zeit und kein wirkliches Glück kaufen; und wenn so ein Teil verlorengeht, sind Zigtausende weg. Das bringt dann wieder Frust mit sich.

Es war eine englische Theosophin, die es einmal auf den Punkt gebracht hat: „Dir gehört nur das, was du beim Untergang des Schiffes, auf dem du reist, mitnehmen kannst.“ Was nichts anderes meint, als dass dir nur deine seelischen Werte gehören. Alles andere ist bestenfalls geliehen und trägt nicht zu deinem Glück bei.

„Dir gehört nur das, was du beim Untergang des Schiffes, auf dem du reist, mitnehmen kannst.“

Wir haben ja bereits über die jenseitige Welt nach dem Ablegen des physischen Körpers gesprochen und dabei festgehalten: Du kommst auf der anderen Seite als der an, der du hier unten gewesen bist. Wenn du hier mit einfachen Dingen glücklich gewesen bist, musst du da drüben nicht mehr so viel Ballast abwerfen. Wenn du sklavisch an irgendwelchen Süchten gehangen hast – Geld, Drogen, Zigaretten, Alkohol, Männer oder Frauen – dann bestehen diese auch in der nächsten Welt fort. Erst wenn du diese „Anhaftungen", wie der Buddhist sagen würde, losgelassen hast, kannst du weiter ins LICHT gehen. Alle diese Anhaftungen müssen überwunden werden, sie hängen wie Pflastersteine an der Seele und halten sie in der Gebundenheit fest.

Erst wenn du diese „Anhaftungen", wie der Buddhist sagen würde, losgelassen hast, kannst du weiter ins LICHT gehen.

JH: Ich kann mich nicht erinnern, jemals von einer Seele im Jenseits gehört zu haben: „Hätte ich doch noch eine fünfte Rolex gehabt." Sondern eher: „Hätte ich doch…

PM: …mehr getanzt."

JH: Ja! Mehr getanzt! Mehr geliebt! Es geht um Lebensqualität – und zwar auf emotionaler Ebene. Man kann natürlich auch an materiellen Dingen seine Freude haben, darum geht es aber nicht, es geht um das Festhalten. Um das Festhalten an materiellem Besitz.

PM: Es wäre so wichtig, wenn sich mehr Menschen bewusst machen würden, dass alles auf Erden nur geliehen ist! Aurobindo hat einmal treffend gesagt: „Wir haben die Schöpfung bekommen, um sie zu bewahren, nicht, um sie in Besitz zu nehmen."

Und das bezieht sich auf absolut alles. Niemand kann eine Rolex mit ins Jenseits nehmen!

„Wir haben die Schöpfung bekommen, um sie zu bewahren, nicht, um sie in Besitz zu nehmen."

JH: Dieser Satz vom „Bewahren der Schöpfung", dieses Bewusstsein von der Wertschätzung dem Leben und der Schöpfung gegenüber, ist so bedeutsam. Wenn mehr Menschen dies erkennen würden, müssten wir keinen Umweltschutz betreiben. Es gäbe eine ganz andere Politik, ganz andere Prioritäten. Es ist nie zu spät, sich bewusst dazu zu entschließen, die Schöpfung zu bewahren.

Es ist nie zu spät, sich bewusst dazu zu entschließen, die Schöpfung zu bewahren.

Die Mystiker werden ja sehr oft als überaus ernste Menschen dargestellt; und natürlich ist Tiefgründigkeit nicht primär unterhaltsam. Doch wenn man diese Menschen privat kennenlernt, ohne sie in ein Korsett von Erwartungen zu pressen, dann sieht man nicht nur ein vorgegebenes Bild eines Mystikers, sondern sieht den wahren Menschen. Den Menschen in seiner ganzen Menschlichkeit. Der Mystiker erlangt seine Einsichten zumeist nicht durch ein leichtes Leben, sondern durch die Überwindung von Leid und das Ablegen des eigenen Egos.

PM: Damit sprichst Du zwei ganz zentrale Punkte an.

JH: Es geht darum, das eigene Ego zu überwinden, ohne die eigene Persönlichkeit auszulöschen. Mir hat geholfen, mein Leid zu überwinden, indem ich meine eigenen Erwartungen hinterfragt habe. Mich hat der Satz eines Freundes nachhaltig beeinflusst, der darauf hinwies, dass jene Menschen besonders mitfühlend sind, die ihr eigenes Leid überwunden haben. Es gibt auch auf dem spirituellen Weg sehr viele Menschen, die ihr eigenes Leid wortreich rechtfertigen können – und dann daran festhalten. Sich mit seinem Leid zu identifizieren und mit all dem, was schlecht war, führt in der Regel dazu, alles das nicht zu sehen, was gut war. Jeder hat seine Vergangenheit; aber wir *sind* nicht unsere Vergangenheit! Wir sind letztlich göttliche Wesen, die ein wunderbares Potenzial mitgebracht haben.

Jeder hat seine Vergangenheit; aber wir *sind* nicht unsere Vergangenheit!

Wenn man sein Leben aus dem Herzen lebt, dann ist das Glas immer halb voll und nicht halb leer. Ich pflege in meiner Gebets-Praxis, bevor ich um etwas bitte, mich erst für das zu bedanken, was ich schon empfangen habe. Sich im Gebet zu verbinden, bedeutet für mich auch, einen Engel zu schicken. Der Engel hilft dann dort, wo Hilfe benötigt wird. Wenn man sich mit dem Thema Leid befasst, dann sollte man sich auf seine Lösung ausrichten, nicht aber mit dem Leid identifizieren. Das Leiden darf niemals so stark das Leben dominieren, dass es seine eigentliche Schönheit verdunkelt.

Das Leiden darf niemals so stark das Leben dominieren, dass es seine eigentliche Schönheit verdunkelt.

PM: Das ist eine sehr schöne Aussage: „Beten heißt, einen Engel zu schicken." Es gibt ein über hundert Jahre altes Buch von Charles W. Leadbeater und Annie Besant, den beiden großen Theosophen, das den Titel „Gedankenformen" trägt. Das Buch ist auch heute noch eine Inspiration. Darin gibt es eine Gedankenform, die dadurch entsteht, dass eine Mutter ein liebevolles Schutzgebet für ihr Kind spricht, das irgendwo auf Reisen ist. Durch ihr Gebet entsteht eine Art „kosmischer Enzianskelch" in leuchtend blauer Farbe mit einem goldenen Saum. Diese Gedankenform umhüllt das Kind, auch wenn es Tausende Kilometer entfernt ist. Diese Einsicht beschreibt exakt das, was Du „einen Engel durch ein Gebet schicken" nennst. Dieser „Engel" kann ganz unterschiedliche Formen annehmen, aber er ist auch für den Empfänger als liebevolle Energie wahrnehmbar. Ein ganz wundervolles Geschehen!

„Beten heißt, einen Engel zu schicken."

JH: Wir haben ja alle, jeder für sich, bestimmte Prozesse durchleben müssen und die Erfahrung gemacht, dass die Überwindung des Leidens zu einer Erfahrung des Göttlichen führen kann. Jeder Mystiker kennt diese Schritte. Wenn ich selber mit Leid befasst bin, achte ich besonders auf meine Gedanken, welche die Bausteine für mein kommendes Schicksal sind. Ich bemühe mich auch, Mitleid nicht die Oberhand gewinnen zu lassen. Ich versuche dann, mir voller Demut Menschen zum Vorbild zu nehmen, die Größeres überwunden haben. Ich

Ich bemühe mich auch, Mitleid nicht die Oberhand gewinnen zu lassen.

erinnere mich beispielsweise an ein Fernseh-Interview mit einer alten Dame, die das KZ überlebt hat. Sie sprach ohne Hass darüber, wie sie alle ihr lieben Menschen verloren hatte. Zum Abschluss sagte sie: „Bei all dem Leid und Grauen hatte ich mich zu entscheiden. Entschied ich mich für die Liebe, würde ich meine Seele retten. Entschied ich mich für den Hass, dann würde ich bei lebendigem Leibe sterben.“

„Bei all dem Leid und Grauen hatte ich mich zu entscheiden. Entschied ich mich für die Liebe, würde ich meine Seele retten. Entschied ich mich für den Hass, dann würde ich bei lebendigem Leibe sterben.“

Man konnte in ihren Augen sehen, dass sie die Liebe in sich trug. Das Göttliche leuchtete aus ihr hervor. Das hat mich bis ins Mark getroffen. Jedes Mal, wenn es schicksalhafte Herausforderungen und schier ausweglose Situationen zu bewältigen gibt, dann rufe ich mir die Augen dieser Frau in Erinnerung. Dann gibt es kein Selbstmitleid, keine Klagen, sondern nur Annahme, Achtsamkeit und das Vertrauen, aus der liebevollen inneren Kraft die Lösung zu erhalten. Dabei spreche ich bewusst nicht über meine eigenen Wunden. Aus altem Leid sind längst verheilte Narben geworden – und die machen mein einzigartiges Wesen aus. Das ist meine Lebenserfahrung. Das ist meine Lebenswürde. Die aus ihnen entsprungene Kraft ist absolut mystisch. Sie schenkt das Bewusstsein: Ich bin gesegnet! Ich kann meinem Herzensweg vertrauen. Es wird sich eine lichtvolle Führung einstellen. Möge Sein Wille sich durch meinen offenbaren.

PM: Diese „mystische Kraft“ kann so stark sein, dass sie sich bis ins Physische erstreckt und es verwandelt. Dann sprechen wir von einer „Wunderheilung“. Ich kenne eine ähnliche KZ-Geschichte, die von einem Soldaten einer amerikanischen Einheit berichtet wird, der ein KZ befreite. Sie fanden unter all den armseligen, vom Tode gezeichneten Menschen einen Mann, der total gesund aussah, Lebenskraft und innere Zufriedenheit ausstrahlte. Er wunderte sich und nahm an, dieser Mann müsse gerade erst eingesperrt worden sein. Doch auf Nachfrage erfuhr er, dass er bereits viereinhalb Jahre in diesem KZ einsaß. Auf sein weiteres Nachfragen erfuhr er die Geschichte dieses Mannes:

„Ich bin mit meiner Familie in Warschau von den Nazis festgenommen worden. Wir wurden aus dem Haus gerissen, meine Frau und meine drei Kinder. Ich beschwerte mich auf Deutsch, doch es half alles nichts. Meine Frau und meine Kinder wurden sofort erschossen. In diesem Moment hatte ich nur die Option, in den Hass auf die Nazis zu gehen oder in der Liebe zu verbleiben. Ich war beruflich Scheidungsanwalt. Ich habe unendlich viel Elend in diesen Scheidungsprozessen gesehen, so dass es mir nicht schwerfiel, in die Liebe zu gehen. Ich beschloss also, von diesem Augenblick an alle Menschen zu lieben, mit denen ich zusammentreffen würde. Das hat dazu geführt, dass ich zu dem Menschen wurde, dem Sie hier gegenübersitzen.“

„Ich beschloss also, von diesem Augenblick an alle Menschen zu lieben, mit denen ich zusammentreffen würde.“

Dieser Bericht hat mich immens beeindruckt!

JH: Der Geist steht über der Materie.

PM: Ja, so muss es sein. Der Geist steht über der Materie.

JH: Solche Erlebnisberichte sind sehr beeindruckend. Diese Tiefe hängt natürlich entscheidend mit einer Wertschätzung des Lebens zusammen. Wenn ein solcher Mensch über dem Hass steht, bedeutet das ja nicht, das Unrecht nicht zu benennen. Aber er sieht es in Klarheit, ohne es zu bewerten. Zugleich weiß er, was das Richtige in jedem Moment ist, um aus allem das Beste zu machen und das Heilsame zuzulassen.

Wenn mir etwas widerfährt, natürlich nicht in dieser schrecklichen Schwere wie dem Warschauer Anwalt, dann versuche ich ebenfalls, nicht in eine Bewertung zu gehen. Ich versuche vielmehr zu erfragen, wo der Grund liegen möge. Ich akzeptiere, dass ich etwas nicht bekomme, was ich haben möchte; dafür etwas bekomme, was ich nicht haben möchte. Die alte buddhistische Weisheit vom Leiden.

Es ist mir auch in der Corona-Zeit so ergangen: Wenn sich eine Tür schloss, ging dafür eine andere auf. Ich habe in der Krise so viele neue Wege gefunden, die sich als segensreich erwiesen haben. Ich konnte immer mit den Menschen in Verbindung bleiben. Es sind viele neue Ideen geboren worden. Meine Seminare, meine Projekte, neue Buchideen – sie sind alle weiterge-

Wenn sich eine Tür schloss, ging dafür eine andere auf.

laufen. Ich habe nichts eingebüßt und schaue heute mit meiner positiven, liebevollen Lebensphilosophie weiter nach vorne. Ich behalte meine lichtvollen Ziele im Auge und frage mich immer wieder: „Was will ich konkret erreichen?“ Die geistige Welt hat manchmal etwas anderes mit mir vor, als ich mir gerade vorstellen kann. Ich frage mich also, wie ich mich in Zukunft fühlen möchte und wie ich mir in die Augen schauen kann. Dann stellen sich meist die Inspirationen ein. Das Leben eines Mystikers ist heute anders als in den Zeiten, wo diese Menschen noch ihr Leben für ihre Überzeugungen riskieren mussten. Heute bedarf es eher einer emotionalen weiblichen Intelligenz, einer Intelligenz des Herzens.

Die geistige Welt hat manchmal etwas anderes mit mir vor, als ich mir gerade vorstellen kann.

PM: Es ist ein bekanntes Phänomen, dass viele Mystiker starke weibliche Elemente aufgewiesen haben. Krishnamurti hat in seinen Tagebüchern sehr viele intime Details niedergeschrieben. Es bedarf in der heutigen Zeit offensichtlich gerade dieser Qualitäten.

Ich wollte im Zusammenhang mit der Mystik noch auf ein weiteres bemerkenswertes Detail hinweisen. Sowohl in der Mystik als auch in den Nahtod-Erfahrungen taucht immer wieder der Aspekt der „Ordnung“ auf. Alle Menschen mit solchen Erfahrungen bestätigen, dass jedes Blatt am Baum genau richtig sitzt. Wenn einem ein Stein auf den Fuß fällt, so hat dies eine Bedeutung. Manchmal erschließt sich der Sinn eines Geschehens erst nach einigen Jahren.

Das Wissen um die große kosmische Schöpfungsordnung verbindet den Mystiker mit dem Nahtod-Erfahrenen, Beide haben diese ORDNUNG erschaut und wissen ohne den geringsten Zweifel, dass sie existiert. Dass sie auch im Kleinsten existiert! Aus diesen Schauungen heraus haben sie alle ein unendliches Gottvertrauen entwickelt. Die vielen kleinen Ängste des Lebens verlieren sich. Man begreift, dass hinter allen Geschehnissen eine vollkommene göttliche Gesetzmäßigkeit waltet. Wer daran zweifelt, hat sie einfach noch nicht erkannt!

Hinter jedem Schicksal zeigt sich eine weise Ordnung. Eine liebevolle weise Ordnung.

Jene Menschen, die etwas weiter schauen, habe diese Gesetzmäßigkeit erfasst und strahlen diese Gewissheit auch aus: Hinter jedem Schicksal zeigt sich eine weise Ordnung. Eine liebevolle weise Ordnung.

JH: Die mystische geistige Anbindung und eine liebevolle Lebensphilosophie erweitern unser Bewusstsein und schenken uns Orientierung im Leben. Wenn wir nicht mehr weiter wissen, bedarf es nur einer Rückbesinnung auf diese Erkenntnis und die Hinwendung an die Liebe. Wir müssen nicht suchen, sondern nur zulassen. Manchmal ist in einer Krise viel Geduld angesagt. Wenn wir diese Geduld aus dem Herzen heraus betrachten, dann finden wir eine große Zuversicht, dass sich alles zur rechten Zeit richtig fügen wird. Manchmal erhält man Hilfe von liebevollen Menschen, manchmal empfange ich Botschaften aus dem Engelreich. Wenn man sich auf diese liebevollen Werte besinnt, ist keine Hilfe von außen mehr nötig. Vorbilder sind gut, manche Rituale hilfreich und Inspiration immer ein Segen. Allmählich aber entwickelt man seine eigene Autorität – und die Wahrheit liegt immer nur im eigenen Herzen. Wenn man in die göttliche Liebe eintaucht, verlieren sich alle Widersprüche im Leben.

Wenn man in die göttliche Liebe eintaucht, verlieren sich alle Widersprüche im Leben.

PM: Zuerst kommt in der Regel die innere Erfahrung; doch das innerlich Erfahrene sucht dann ein Du; denn es möchte sich weiterschenken und damit selbst erfüllen. Das Bedürfnis des „Weiterschenkens" ist elementar. Auch der Dalai Lama hat es einmal als eines seiner Grundbedürfnisse bezeichnet; und Meister Eckhart hat es drastisch so ausgedrückt: „Wenn ich nicht predigen könnte, dann müsste ich jetzt zu diesem Opferstock sprechen." Dann gibt es ja auch noch den alten Spruch: „Wessen Herz voll ist, dessen Mund fließt über." Es gehört wohl zum Wesen des göttlichen Geschenks der Gnade, dass man es weiterschenken muss.

„Wessen Herz voll ist, dessen Mund fließt über."

JH: Das zeigt sich auch in einem kreativen Geist, der immer tätig sein muss. Ich kann mir nicht vorstellen, nicht zu schreiben. Mein kreativer Prozess sucht sich immer einen Ausdruck. Freizeit, Urlaub und Familie haben ihre volle Berechtigung, aber meine spirituelle Praxis, meine geistige Berufung möchte ich niemals missen.

PM: Du kannst ja am Mittelmeer sitzen, einen Stein ins Wasser werfen – und in diesem Augenblick kommt Dir die Idee zu etwas ganz Neuem. Das ist dann Wachheit oder die vielzitierte Achtsamkeit. Eine neue Inspiration kann hinter dem nächsten Baum warten.

JH: Sie kann mitten im Leben geschehen.

PM: Zu jeder Zeit, an jedem Ort.

JH: Nur in der Liebe sind Einheit und Dualität nicht im Widerspruch. Das Innere und das Äußere sind eine Einheit in Gott. Im tiefsten Inneren finden wir Frieden, Glück, Sinnhaftigkeit und Liebe. Der letztliche Lebenssinn besteht ja nur darin, eine immer tiefer reichende Liebe zu entwickeln.

Nur in der Liebe sind Einheit und Dualität nicht im Widerspruch.

PM: Und die kann sich in jedem Augenblick, in jeder neuen Begegnung erneut und auf einer höheren Spirale zeigen.

JH: Sie bedarf keiner Voraussetzungen – und sie endet nie. Daher wünsche ich jedem, wenn er eines Tages die Augen schließt, dass er im Bewusstsein tiefsten Friedens auf die nächste Reise gehen kann.

PM: Das wäre jedem Menschen zu wünschen.

JH: Allerdings wird man diesen Frieden in seinen letzten Stunden wohl nur finden, wenn man ihn während des Lebens entwickelt hat. Ein Leben in innerem Frieden ist zugleich ein Leben mit mystischer Tiefe, mit Anbindung an das Göttliche und wahrhafter Weisheit.

7.

Natur und Schöpfung

JH: Wir alle kennen den Satz: „Die Hoffnung stirbt zuletzt." Was bedeutet Hoffnung aus der Sicht des esoterischen Christentums? Was gibt Dir ganz persönlich Hoffnung?

„Die Hoffnung stirbt zuletzt."

PM: Ich glaube, Hoffnung erwächst aus einer inneren Erfahrung des Gehaltenseins, des Geborgenseins im tiefsten Sinne des Wortes. Aufgehobensein bedeutet ja zweierlei: Du wirst emporgehoben und zugleich aufgehoben, aufbewahrt. Aufgehobensein meint dann, behütet und beschützt zu sein. Wenn man davon tief innerlich überzeugt ist, dann kann man die Hoffnung nie verlieren.

Ich mag das alte Luther-Beispiel: Ginge morgen die Welt unter, so pflanzte ich heute noch einen Apfelbaum. Du handelst aus einer inneren Sinnhaftigkeit so. Selbst wenn morgen tatsächlich die Welt unterginge, wäre das Leben doch sinnvoll, weil man bis zu diesem Zeitpunkt den Weg geht, den man als innere Aufgabe empfindet. Man geht mit Ernsthaftigkeit und mit Entschiedenheit. Man setzt alle Kraft ein, die man zur Verfügung hat. Man weiß, man kommt aus einer fernen Vergangenheit und geht in eine lichtere Zukunft.

Für Hoffnung und Vertrauen bedarf es vielleicht einer gewissen Lebenserfahrung.

Für Hoffnung und Vertrauen bedarf es vielleicht einer gewissen Lebenserfahrung. Du hast schon früh spirituelle Erfahrungen machen dürfen. Die meisten Menschen erleben dies erst jenseits der fünfzig. Daher kommt echte Esoterik vielleicht ein wenig ernsthaft daher. Vielleicht sollte man an dieser Stelle noch einmal den Ursprung des Begriffes „Esoterik" erläutern.

Er wurde geprägte von Pythagoras vor mehr als zweieinhalb Jahrtausenden. Pythagoras leitete im süditalienischen Crotona eine Mysterienschule. Darin gab es zwei Gruppen: Die Esoteriker, die zum inneren Kreis gehörten (*esoteros* heißt im Griechischen *innen*); und die Exoteriker, die zum äußeren Kreis gehörten. Die pythagoräische Akademie war wohl die bedeutendste ihrer Art in der Antike; und ihre Nachwirkungen reichen bis in die Gegenwart. Es war damals eine ehrwürdige Auszeichnung, zu den „Esoterikern" zu gehören. Pythagoras hatte seine Schüler und Schülerinnen sehr genau geprüft, ehe er sie in den inneren Kreis aufnahm. Sie durften dann zehn Jahre bei ihm und seiner Frau lernen, dann mussten sie wieder in die Welt, um das Erlernte weiterzutragen.

Pythagoras war seiner Zeit weit voraus. Es gab lange keine spirituelle Gemeinschaft mehr, in der Männer und Frauen gleichberechtigt waren und die gleiche Ausbildung erhielten. Auch die Tatsache, dass er die Akademie zusammen mit seiner Frau leitete, war mehr als ungewöhnlich. In der Geschichte gibt es nur wenige Frauen, die eine ähnlich bedeutende Rolle spielten. Hypatia in Alexandria und im Mittelalter Hildegard von Bingen, um nur zwei ganz herausragende Frauen zu nennen.

Wenn man sich ein wenig mit der pythagoräischen Tradition befasst, dann merkt man schnell den Unterschied zu dem, was ich die heutige „Konsum-Esoterik" nennen würde: In einer Woche zum Avatar für 7.000.-€. Mit Zertifikat! Man darf diesen Menschen nur wünschen, nie in eine ernste Lebenskrise zu kommen, denn dann merken sie, wie hohl das Ganze war.

JH: Dann müssen wir festhalten, dass das, was wir unter Spiritualität verstehen, gar nichts mit dem zu tun hat, was auf den Eso-Messen angeboten wird, was wir aber mit diesem Buch zu vermitteln versuchen?

PM: Ich könnte jetzt einfach Ja sagen; aber das erschiene mir etwas zu überheblich, da ich in Teilen mit dieser Szene seit vierzig Jahren verbunden bin. Es muss auch festgehalten werden, dass die enorme Kommerzialisierung erst eine Entwicklung seit der Jahrtausendwende darstellt.

JH: Wo könnten wir denn sonst hingehören?

PM: Wir fallen beide in gewisser Weise unter diese Szene. Allerdings mache ich den Leuten, die einmal über eine Eso-Messe gelaufen sind und dann alle Teilnehmer für gaga erklären, den Vorwurf, sich nicht um das Ernsthafte hinter dem hohlen Schein bemüht zu haben. Es gibt genügend Veranstaltungen, da nehme ich es keinem Journalisten übel, wenn er einen ganz furchtbaren Verriss schreibt; denn mit dem, was da angeboten wird, haben auch wir nichts zu tun.

Wenn jemand aber über „die Esoterik" schreibt, dann erwarte ich von ihm oder ihr, dass etwas tiefer nachgefragt wird. Theosophie, Anthroposophie oder Rosenkreuzertum, das alles gehört zur seriösen Esoterik, findet aber auf solchen Messen nicht statt. Da gilt es schon, genauer hinzuschauen. Ich möchte mich aber hier keinesfalls als eine Art Richter darstellen, der entscheidet, was gut oder schlecht ist. Zum Glück gibt es ja keinen „esoterischen Papst"!

JH: Das fehlte gerade noch!

PM: Es gibt aber leider tatsächlich Gruppierungen, die am Reißbrett ein Buch entwerfen, dann eine große Marketing-Kampagne starten und weltweit große Auflagen verkaufen. Da wird viel Geld verdient, ohne dass irgendein spirituelles Anliegen dahintersteht.

JH: Betrachten wir es noch einmal genau: Wir stehen beide unter dem „Dach der Esoterik". Wir verstehen darunter aber ein uraltes Wissen der Seele und sind betrübt darüber, was damit für ein Schindluder getrieben wird. Da geht es nur um finanzielle Interessen. Das ist keine Frage.

Das Gegenteil ist das Buch von Johannes Clausner über Martin Buber, das ich gerade in der Hand halte.* Es trägt den wunderschönen Titel „Gott finden, heißt den Weg finden, der ohne Grenze ist". Diesen Satz würden wir sofort unterschreiben! Wir können mit Dogmen, Verurteilung oder Strafen nichts mehr anfangen. Allerdings wollen wir gar nicht den alten Glauben anprangern, sondern wir möchten den Glauben an das Gute fördern.

> „Gott finden, heißt den Weg finden, der ohne Grenze ist."

Das Gute beginnt mit den Menschen. Im Innersten des Menschen. Das ist der zentrale Unterschied zwischen den alten Dogmen und der neuen Spiritualität, für die auch wir stehen. Der Vorwurf, gegen den Glauben zu stehen, trifft uns daher nicht, denn wahre Religion hat immer den Glauben an das Gute im Mittelpunkt. Es geht in keiner Weise um Rechthaberei. Das ist das alte Machtspiel. Die lichtvolle Geistige Welt, das Christus-Licht, das Marien-Licht, die göttliche

> Die lichtvolle Geistige Welt, das Christus-Licht, das Marien-Licht, die göttliche Gnade, das Wirken der Engel und Naturwesen, sie alle kennen keine Rechthaberei.

* Johannes Clausner, Martin Buber – Gott finden, heißt den Weg finden, der ohne Grenze ist, Amerang 2021

Gnade, das Wirken der Engel und Naturwesen, sie alle kennen keine Rechthaberei. Da gibt es nur reine Liebe!

Zu mir kommen Menschen aus allen Gesellschaftsschichten, aus allen religiösen Strömungen, weil sie wissen, dass bei mir allein der Mensch im Mittelpunkt steht. Ich bin konfessionsfrei und undogmatisch. Wenn ich in der Aura eines Menschen das Christus-Licht erblicke, dann teile ich ihm das mit. Obwohl ich zumeist nicht weiß, was er für einen religiösen Hintergrund hat. Gerade weil ich nichts weiß, empfange ich die Engel-Botschaften völlig freilassend. Wenn ich zu ihm vom Christus-Licht spreche und es in seiner Aura erschaue, dann teile ich ihm mit, was ich daraus erfahren habe. Ich bin klar und neutral. Vielleicht teile ich ihm mit, er möge das Licht der Hoffnung in die Welt tragen. Vielleicht geht es um mehr Menschlichkeit. Die ist in allen Bereichen unseres Lebens, von der Politik bis zur Wirtschaft, dringend erforderlich. National und global.

Das Licht der Hoffnung ist für alle und jeden überall da. Die Liebe verbindet, nur die Dogmen trennen!

Ich erlaube es nicht, dass das universelle Christus-Licht von irgendwelchen religiösen Dogmatikern gepachtet oder für sich beansprucht wird. Das Licht der Hoffnung ist für alle und jeden überall da. Die Liebe verbindet, nur die Dogmen trennen!

PM: Als ich das erste Mal bei Flower Newhouse in Kalifornien war, besuchte ich eigentlich eine „christliche" Mystikerin. Aber in Wahrheit würde dieses Etikett sie nur unvollkommen beschreiben.

JH: Unsere Wurzeln sind doch aber auch christlich?

PM: Dagegen ist gar nichts einzuwenden, wenn man die „Wurzeln" weit fasst. Sie können sich weit ausdehnend entfalten. Schon bei einem meiner ersten persönlichen Gespräche mit ihr sagte Flower: „Christus ist die Inspiration für alle Religionen!" Sie wollte damit auf den „Kosmischen Christus" hinweisen, der ein geistiges, universelles Prinzip ist. Wir sprechen dann nicht mehr vom historischen Jesus von Nazareth. Es geht nicht mehr um Dogmen, sondern um eine universelle göttliche Kraft.

JH: Das ist ein neuer Begriff für mich: Der kosmische Christus! Das berührt ich in meinem Herzen. Wunderschön!

PM: Es gibt ein Buch von Flower*, auf dessen Titelbild ein Gemälde des Schweizer Malers Walter Bollier abgebildet ist, das den „kosmischen Christus" zeigt. Ich habe ihn gut gekannt und oft in seinem Haus in Meilen am Zürichsee besucht. Er hat diesen „kosmischen Christus" in einer geistigen Schau im Jahr 1912 in Florenz so erblickt. Auf dem Bild tritt der „kosmische Christus" gleichsam aus dem Universum heraus. Jeder, der dieses Bild sieht, ist zutiefst beeindruckt. Der Maler ist über hundert Jahre alt geworden, aber leider in großer Armut gestorben. Wir mussten seine wunderba-

* Flower A. Newhouse, Das Weihnachtsmysterium in geistiger Schau, Grafing 2014

ren Bilder noch von der Straße retten. Schrecklich! Aber eines Tages wird er seine angemessene Würdigung erfahren.

JH: Ich kann mich, während Du erzählst, auf diese Bilder einschwingen.

PM: Ich glaube, Du erfasst die Authentizität. Man erspürt die echte spirituelle Erfahrung – vor allem, wenn man Bolliers Bilder sieht. Eckhart Tolle hat einmal sehr treffend gesagt: Wenn du auch nur ein wenig erwacht bist, dann brauchst du ein Buch nur in die Hand zu nehmen und es aufzuschlagen, dann weißt du, ob das, was drin steht, wahr ist oder nicht. Du musst es möglicherweise gar nicht lesen, um es zu verstehen. Du verstehst es mit dem Herzen. Tolle sagt das ohne jede Arroganz. Man freut sich einfach über seine Unterscheidungskraft.

JH: Das ist für mich wahres mystisches Erleben.

PM: Das ist sicher echte Mystik.

JH: Wir sind ja alle Wahrheitssucher. Wir sind alle auf dem Weg, denn der Weg ist ja das Ziel. Ich finde es außerdem wichtig, sich auszutauschen, zu diskutieren, zu kommunizieren. Ich finde, gerade unter den spirituellen Autoren kommt dieser Austausch zu kurz. Es sind ja nur wenige Menschen, mit denen man darüber einen echten Dialog führen kann.

Wir sind ja alle Wahrheitssucher. Wir sind alle auf dem Weg, denn der Weg ist ja das Ziel.

PM: Das nehme ich als wichtige Anregung auf. Wir nehmen uns tatsächlich alle zu wenig Zeit füreinander. Man trifft sich meist auf irgendeinem Kongress, an dem man dann zehn Minuten Zeit in der Pause hat. Da kann keine Tiefe entstehen…

JH: Wir sind ein lebendiges Beispiel. Wie oft haben wir uns in Zürich gesehen? Aber mehr als fünf Minuten haben wir wohl nicht miteinander gesprochen.

PM: Wir sollten tatsächlich den Gedanken aufgreifen und uns ein- oder zweimal im Jahr an irgendeinem Ort treffen und austauschen. Ganz im Sinne von Bubers Dialogverständnis: Die Begegnung mit einem Du, bei der sich eine tiefe Erfahrung ereignen kann.

JH: Ich habe schon mit einer „Seelentröster-Reihe" auf Facebook einen Schritt in diese Richtung unternommen. Da geht es auch um Dialoge mit Menschen, zu denen ich eine Verbundenheit spüre. Wir leben ja in einem „weiblichen Zeitalter", bei dem es auf emotionale Intelligenz, Mitgefühl, Verbundenheit und Herzensweisheit ankommt. Nur gemeinsam sind wir stark. Als Einzelkämpfer kommt ja keiner wirklich weit. Es geht um den Mut zur Wahrheit, doch stets in dem Bewusstsein, dass wir alle auf dem Weg sind und die vollkommene Wahrheit noch nicht erfassen können. Wir dürfen hinterfragen, wir dürfen über alles sprechen. Wenn wir eine alte mystische Tradition bewahren wollen, dann geht es auch hier um die Weitergabe des Feuers, nicht um das Bewahren der Asche.

Es geht darum, das Feuer des Lebens weiterzutragen und Leidenschaft und Hingabe aufrechtzuerhalten. Ich bin mir sicher, in einem Dialog können wir uns alle gegenseitig inspirieren.

PM: Wenn du aufrichtig auf dem Weg bist, dann gibt es da auch keine Eifersüchteleien, denn alle sind ja *auf dem Weg*. Es kann ja keiner, der noch auf dem Weg ist, sagen, wie weit der andere ihn bereits gegangen ist. Vor über tausend Jahren hat ein Weiser aus der Ostkirche einmal gesagt: „Der Mensch kann dem unendlichen Gott nicht näherkommen!“ Daher kann, wie der vorhergehende Satz schon angedeutet hat, auch niemand sagen, wie nahe der Mensch Gott schon gekommen sei.

Wenn also auf Deine Anregung hin fünf Menschen, die alle auf dem mystischen Weg sind, zusammenkommen, dann kann gar keine „spirituelle Eifersucht“ aufkommen, wie nahe jemand Gott schon gekommen sei.

JH: Das wäre eine ganz ungesunde Einstellung.

PM: Total ungesund. Man setzt sich zusammen, hört zu und ist dankbar, wenn man von den Erfahrungen der anderen etwas Neues aufnehmen kann. Unser Dialog wäre ja entsetzlich langweilig, wenn wir alle die absolut identischen Erfahrungen gemacht hätten. Worüber wollten wir dann sprechen? So aber lernt jeder in einem aufrichtigen Dialog eine neue Seite der unendlichen spirituellen Wirklichkeit kennen.

JH: Ich finde es wunderbar, wenn Du als Mystiker die alten Überlieferungen in unser Gespräch einbringst, aber ohne sie irgendwie zu dogmatisieren. Du verbindest sie vielmehr mit der Gegenwart. Es ist ja das Ziel des Mystikers, weiter zu wachsen und sich zu entwickeln – geistig, mental und emotional.

PM: Es geht nie um Dogmatik. Echte Mystik ist offen für Neues.

JH: Es geht nicht darum, die alten Lehren anzubeten, sondern sich von ihnen inspirieren zu lassen, um das eigene Selbst, die eigene Christus-Kraft zu entwickeln.

Es geht nicht darum, die alten Lehren anzubeten, sondern sich von ihnen inspirieren zu lassen.

PM: Wir bauen auf dem Alten auf, um Neues zu entwickeln. Wenn Platon oder Pythagoras Wahres gedacht haben, dann wird das ja nicht unwahr, wenn man es weiterentwickelt.

JH: Angst vor dem Hinterfragen haben immer nur diejenigen, die eine leere Hülle ohne tiefen Inhalt sind. Bei einem guten Gespräch weitet sich stets der eigene Horizont. Bei anderen…

PM: … kann man ja noch ein Glas Wein zusammen trinken.

JH: Es ist wichtig, auf dem Weg zu bleiben, aber auch die Unterscheidungskraft zu haben, um festzustellen, ob einem mit einem anderen Menschen etwas verbindet. Das sagt nichts über „besser" oder „schlechter" aus. „Es ist, wie es ist, sagt die Liebe!" Aber die Vielfalt der Menschen in meinem Umfeld empfinde ich als bereichernd. Diese Vielfalt inspiriert mich. Ich hinterfrage meine Wahrheit wieder durch ihre Augen.

PM: Wenn die alten Griechen von „Dialog" sprachen, dann verstanden sie darunter „das Durchscheinen des Logos". Der LOGOS war also im Gespräch präsent. Mit dem Neuen Testament gesprochen, würde man sagen, das WORT führt zu neuen Einsichten. Nur im Austausch können diese neuen Einsichten gewonnen werden. Es ist ja bekannt, dass sich beim Sprechen das Denken neu formt. Der Dialog regt also stärker zum Nachdenken und zum Neudenken an, als wenn man nur einen verfassten Text liest. Der echte DIALOG ist durch nichts zu ersetzen.

Der echte DIALOG ist durch nichts zu ersetzen.

JH: Manchmal stellt man sich ja einen Mystiker mit erhobenem Zeigefinger vor. So im Sinne von: Ich aber sage euch! Auch bei Kongressen erlebe ich es manchmal, dass ein Autor oder eine Autorin nur ihre eigenen Weisheiten verkündet. Darauf gehe ich dann gar nicht ein, das hat nichts mit Dialog zu tun.

PM: Ja, es gibt Menschen, die tatsächlich glauben, außer ihnen hätte niemand je etwas von der Wahrheit erkannt.

JH: Richtig; wenn du die aber hinterfragst, dann fällt diese 'Wahrheit' wie ein Streichholzhäuschen ein. Mit Dogmatikern gibt es keine innere Verbindung. Ein weiser Mensch kann über alles sprechen, auch über Wind und Wetter, weil er über Empathie verfügt und damit jede Gruppe bereichert. Die Liebe ist unsere gemeinsame Sprache. Die Lebensfreude unsere gemeinsame mystische Lobpreisung.

Die Liebe ist unsere gemeinsame Sprache. Die Lebensfreude unsere gemeinsame mystische Lobpreisung.

PM: Ich will einmal ein Gegenbeispiel bringen, wie es nicht sein sollte. Ich war für ein spirituelles Buch einmal mit einer bekannten Persönlichkeit zum Interview verabredet. Bevor es eigentlich losgehen konnte, schnauzte sie erst einmal ihre Haushaltshilfe an und wollte über ihr Honorar sprechen. Ich bin dann gleich wieder gegangen. Hier war spirituell nichts zu holen.

JH: Du würdest es nicht glauben, was ich schon alles hinter der Bühne erlebt habe.

PM: Ich kann es mir vorstellen.

JH: Wir wollen lieber nicht aus dem Nähkästchen plaudern. Das würde uns traurig stimmen. Die wahre Größe eines Menschen erkennst du in seinen unbeobachteten Momenten.

PM: Es geht eigentlich immer um Authentizität, und in letzter Konsequenz um Herzenswärme. Wenn du die hast, dann behandelst du die Menschen, die mit dir zusammenarbeiten, auf eine liebevolle Art und Weise.

JH: Genau; und anhand dieses Verhaltens siehst du, ob Liebe gelebt oder nur gedacht wird. Gerade im Umgang mit anderen Menschen erkennst du, ob der „Christus im Anderen“ gesehen wird oder nicht. Daran erkannt man, ob das Christus-Licht leuchtet oder nicht. Darin zeigt sich der Charakter eines Menschen.

8.
Verantwortungsbewusstsein

JH: Alle Themen, welche das Leid und die Suche nach Orientierung im Leben berühren, gehen mir sehr ans Herz. Ich kann die Sorgen und Ängste der Menschen so gut verstehen. Die Menschen sehnen sich nach dem richtigen Weg, weil dahinter die Vorstellung steht, dieser „richtige Weg" sei ohne Schmerzen. Was natürlich jeder gutgesinnte Mensch jedem anderen wünscht. Das Soziale ist das wahre Heilige!

Alles wandelt sich. Auch wenn wir einmal von unserem Pfad abkommen, führt uns der innere Ruf stets zurück auf den Herzenspfad.

In diesem Zusammenhang komme ich immer wieder auf das Bild vom Labyrinth zurück. An heiligen Kraftplätzen oder in Klöstern stoßen wir immer wieder auf Labyrinthe. Sie sind ein Sinnbild dafür, dass im Leben alles offen ist. Es gibt keinen geradlinigen Weg. Alles wandelt sich. Auch wenn wir einmal von unserem Pfad abkommen, führt uns der innere Ruf stets zurück auf den Herzenspfad. Umwege, die wir manchmal als Irrtümer bezeichnen, gehören einfach zum Leben dazu. Rückblickend erkennen wir zumeist, dass bestimmte Erfahrungen keine Irrtümer oder Fehler waren, sondern notwendige Entwicklungsschritte. Ohne sie wäre ich heute nicht in meiner mystischen Kraft und würde meinen lichtvollen Seelenplan erfüllen. Kannst Du dieser Vorstellung vom Labyrinth etwas abgewinnen?

PM: Ich sehe das ganz genauso. Wenn man im Labyrinth an der Hecke endet, dann war diese Sackgasse auch eine wichtige Erfahrung. Die Umkehr ist heilsam. Sie ist daher ein wertvolles Erleben. Ich finde der Satz „Leid leitet“ drückt eine elementar wichtige Erkenntnis aus. Du wärest, wenn du weitergegangen wärest, völlig in der Irre gelandet. Daher ist es wichtig, innezuhalten und die „Lehre des Labyrinthes“ anzunehmen.

„Leid leitet“ drückt eine elementar wichtige Erkenntnis aus.

Ich habe, was Leid anbelangt, selbst einmal eine sehr schmerzhafte Lehrstunde bekommen. In meinen „wilden Jahren“ habe ich sehr exzessiv Fußball gespielt, wäre beinahe Profi geworden. Mich haben damals alle aufgeregt, die immer gejammert haben, wenn sie einmal einen heftigen Tritt abbekommen haben. Ich habe auch mit einer angebrochenen Hand im Tor gestanden oder mit einem kaputten Fuß weitergespielt. Da nahm ich keine Rücksicht auf meinen Körper. Das bisschen Schmerz war doch auszuhalten. Ich fand da andere, das muss ich ehrlich zugeben, viel zu wehleidig.

Dann hatte ich mit siebenunddreißig einen ganz üblen Bandscheibenvorfall. Ich musste monatelang liegen und konnte mich nur unter unvorstellbaren Schmerzen bewegen. Danach habe ich nie mehr jemanden kritisiert, der sagte, er habe Schmerzen. Er hatte sofort mein ganzes Mitgefühl; denn ich wusste ja nicht wirklich, wie schlimm sein Schmerz tatsächlich war. Dieser Bandscheibenvorfall hat mich sehr verändert und definitiv viel demütiger gemacht. Demut war wohl das Schlüsselwort – und offensichtlich habe ich diesen sehr schmerzhaften Prozess benötigt.

JH: Es geht beim spirituellen Pfad ja nicht darum, wer die meiste Wahrheit mit dem „goldenen Löffel" geschöpft hat. Es gibt ja nicht *den richtigen Weg*. Es geht um die Allliebe, die wir überall finden können. Es geht um das wahre Menschsein, um die Entwicklung des Bewusstseins. Doch was ist das, das *wahre Menschsein*? Es gab in meinem Leben einen sehr intimen Moment, bei dem ich wirklich gehadert habe. Meine Tochter ist bei einer Hausgeburt auf die Welt gekommen. In vier Stunden, ganz ohne Komplikationen. Ich war noch sehr jung und hatte gelesen, dass eine Geburt gar nicht schmerzhaft sein müsse. Du kannst in sie wie in einen Meditationsprozess hineingehen. Einfach loslassen. Also dachte ich mir: Das wirst du schon schaffen! Warum muss es mit Schmerz verbunden sein?

Es gibt ja nicht *den richtigen Weg*. Es geht um die Allliebe, die wir überall finden können.

Doch dann: Halleluja!! Es gibt sicher noch schlimmeren Schmerz, und der Geburtsschmerz ist ja vergänglich. Bei all dem Adrenalin und der Vorfreude auf das Kind. Als ich das erste Mal meine Tochter gestillt habe, war es wunderbar. Geburt und Tod sind Mystik pur!

Ich habe nach oben geschaut zu den Engeln, habe ins göttliche Licht geblickt und gesagt: „Was habt ihr euch dabei nur gedacht?" Wie kann es sein, dass ein Kind die Frucht der Liebe ist und du in diesem Kind in gewisser Weise weiterlebst – und dann dieser Schmerz. Wo liegt da der Sinn?

Ich habe in den Tagen nach der Geburt intensiv darüber meditiert, und mir ist allmählich bewusst geworden, dass dieser Schmerz auch eine intensive Bindung zu meiner Tochter hergestellt hat. Es hat mir die Augen für ein neues Verantwortungsbewusstsein geöffnet: Du hast jetzt eine neue Verantwortung übernommen, dieses kleine Wesen ist keine Puppe zum Spielen. Dieses Gefühl einer neuen Verantwortung lag mir aber nicht schwer auf den Schultern, wohl auch wegen meines engen Bandes zum Vater meiner Tochter, sondern ich fühlte mich durch den Geburtsschmerz noch mehr verbunden, noch fester geerdet.

Wenn ich heute auf die leidvollen Erfahrungen in meinem Leben zurückblicke, dann kann ich darin überall das Christus-Licht am Wirken sehen.

Wenn ich heute auf die leidvollen Erfahrungen in meinem Leben zurückblicke, dann kann ich darin überall das Christus-Licht am Wirken sehen. Gerade die schweren Stunden haben mich zu einer größeren Seelenstärke reifen lassen. Ich wünsche niemandem leidvolle Erfahrungen, doch mich hat es getröstet und versöhnt, zu erkennen, dass wir alle in einer Zeit inkarniert sind, wo für den Mystiker die Überwindung des Leidens der Weg ist, um über sich selbst hinauszuwachsen.

Wenn ich die Generation unserer Kinder betrachte, dann kann es ihre Aufgabe sein, mehr zu lieben. Vielleicht ist dies ihr Weg des Wachstums, nicht mehr der Weg des Leidens. Das Selbstbewusstsein dieser jungen Menschen, ihre Klugheit und Offenheit, stellt offensichtlich auch einen Weg des Reifens dar. Ich kann mit meiner Tochter ganz offen, ohne irgendein Tabu über alles reden, aber ich bemerke auch, dass sie die Welt durch andere Augen betrachtet. Auch diese Generation wird ihre Erfahrungen machen müssen. Das zeigt mir noch einmal ganz deutlich, dass wir alle unsere Wege im Vorwärtsgehen beschreiten sollten. Verstehen können wir sie dann in der Rückschau. „Es ist, wie es ist", sagt die Liebe.

PM: Als Du anlässlich der Geburt Deiner Tochter von diesem neuen Verantwortungsbewusstsein gesprochen hast, da kam mir eine andere Begebenheit in den Sinn, in der es auch um Verantwortung ging.

Ich hatte in den Neunzigerjahren einen Dialog mit dem Dalai Lama in Salzburg. Da wir diesen aufgrund seiner vielen Verpflichtungen nicht beenden konnten, lud er mich nach Indien ein, um dieses Gespräch fortzusetzen. Es dauerte dann eine Weile, bis es zu unserem zweiten Treffen kam. Das fand in Dharamsala, in seinem indischen Exil, statt. Wir trafen ihn anlässlich der Feierlichkeiten zur Einweihung des neuen Norbulingka-Institutes, das er vom Geld errichtet hatte, das er für den Friedensnobelpreis erhalten hatte. Wir saßen also in seinem neuen Residenzzimmer, und bevor wir unseren geplanten Dialog fortsetzen konnten, zeigte er mit dem Finger nach draußen, wo Tausende Tibeter sich versammelt hatten. Diese teils sehr armen Menschen hatten unglaubliche Strapazen auf sich genommen, um über hohe Schneegipfel zu klettern und ihn zu sehen. Viele hatten den Weg nicht überlebt.

Während er nach draußen blickte, sagte er dann: „Ich habe für alle diese Menschen eine Verantwortung. Ich habe das Empfinden, mein Mitgefühl reicht gar nicht aus, um ihnen allen Trost, Hoffnung, Mut oder nur physischen Schutz bieten zu können.“ Dabei hatte er Tränen in den Augen angesichts der Verantwortung, die er für diese Menschen empfand. Für sie war er, der „Bodhisattva des Mitgefühls“, eine Art göttliche Inkarnation – mit unseren Worten gesprochen. Es lässt sich kaum erahnen, welche Verehrung die Tibeter ihm entgegenbringen.

„Ich habe für alle diese Menschen eine Verantwortung. Ich habe das Empfinden, mein Mitgefühl reicht gar nicht aus, um ihnen allen Trost, Hoffnung, Mut oder nur physischen Schutz bieten zu können.“

Der Dalai Lama hat in der persönlichen Begegnung eine gewaltige Präsenz. Da begegnet dir eine unglaubliche geistige Kraft.

Wenn er dir die Hand auf den Arm legt, dann meinst du, die Energie eines Berglöwen fließt durch dich hindurch. Und das meine ich ganz physisch!

Wenn so eine Persönlichkeit mit Tränen in den Augen von seinem Mitgefühl fast überwältigt wird, dann verschlägt es dir die Sprache. Auch der Dalai Lama scheint in solchen Augenblicken seine Endlichkeit als Mensch zu spüren, mag er auch noch so weit über den Normalbürger hinausragen. Die Verantwortung, die er für seine Tibeter empfindet, kam mir in den Sinn, als Du von der Verantwortung für Deine gerade geborene Tochter sprachst. Es ist eine vielfältige Verantwortung, die unter anderem auch darin liegt, ihr ein Vorbild vorzuleben.

Auch der Dalai Lama versucht, seinem Volk ein Vorbild zu sein. Er meditiert, er arbeitet innerlich an sich und hält lange Einkehrzeiten in die Stille ein. So schöpft er Kraft, um die gewaltigen Herausforderungen zu meistern, die seine inzwischen herausragende Stellung in der Welt mit sich bringt.

Meine zweite Begegnung mit dem Dalai Lama ist jetzt fünfundzwanzig Jahre her, aber sie steht mir noch immer lebendig vor Augen. Dieses geradezu dramatische Gefühl von Verantwortung und Mitgefühl im Angesicht von Hilflosigkeit. Was für ein beeindruckender Mystiker, dieser XIV. Dalai Lama, der seine gewaltigen Aufgaben wohl nur zu meistern vermag, weil er aus einer tiefen inneren Kraftquelle schöpft.

JH: Können wir noch einen Augenblick bei diesem Verantwortungsbewusstsein des Dalai Lama verweilen. Er ist ja eine große Inspirationsquelle für fast alle feinfühligen, geistig strebenden Menschen.

PM: Ja, ein wunderbarer Mensch.

JH: Es ist ja eine Gnade, ihm persönlich so nahe zu kommen. Kannst Du noch mehr über diese außergewöhnliche Ausstrahlung erzählen, die von ihm ausgeht?

PM: Wir hatten das Glück, im Aquamarin Verlag als einziger deutscher Verlag ein Buch von ihm lieferbar zu haben, als er den Friedensnobelpreis bekam. Dieser Titel ist heute, ich weiß es nicht exakt, in der 37. Auflage lieferbar und hat viele Menschen für buddhistisches Gedankengut begeistert. Dieses Buch war der Türöffner für uns, um eine Einladung nach Salzburg zu bekommen, wo er die Festspiele mit einer Ansprache eröffnet hat.

Wenn ich heute zurückblicke und auf die Sicherheitsvorkehrungen schaue, die es inzwischen gibt und die wir in Anfängen schon 1996 in Indien erlebt haben, dann mutet mich unser erstes Treffen wie ein Wunder an. Wir hatten ihm ein großes Bild als Geschenk mitgebracht, das in einer riesigen Rolle steckte. Die war so groß, dass auch ein Gewehr darin Platz gehabt hätte. Wir kamen damit völlig unbeachtet in sein Hotelzimmer, wo er plötzlich ganz leger aus seinem Schlafzimmer trat. Er begrüßte meine Begleiterin und mich ganz herzlich, und dann saßen wir zu dritt nebeneinander. Völlig ungezwungen, eine Begegnung von Mensch zu Mensch. Dort war es auch, als er spontan seine Hand auf meinen Arm legte – ich saß neben ihm – und ich das Gefühl hatte, 100.000 Volt würden durch meinen Körper jagen! Das war eine zutiefst beeindruckende Erfahrung.

Ich weiß von Dora Kunz, der theosophischen Heilerin, dass der Dalai Lama der einzige Mensch war, den sie in ihrem langen hellsichtigen Leben gesehen hatte, bei dem die Kundalini vollständig aufgestiegen und alle Chakras vollkommen entwickelt gewesen seien. Ein wahrhaft voll erwachter Mensch. Es muss auch für Dora beeindruckend gewesen sein, dies so sehen zu können. Es geht eine geradezu überirdische Kraft von so einem Menschen aus.

JH: Hat er nicht einmal auch über Frauenrechte gesprochen? Und dass der nächste Dalai Lama eine Frau sein könnte?

PM: Er hat es zumindest nicht ausgeschlossen. Er setzt sich auch sehr für die Ordination von Nonnen ein und für mehr Gleichberechtigung. Die Nonnen haben ja rund hundert Regeln mehr zu erfüllen als die Mönche. Auch im Tibetischen Buddhismus ist es mit der Gleichberechtigung so eine Sache…

Der Dalai Lama ist sicher ein Mann des 21. Jahrhunderts, obwohl es auch in seiner Tradition natürlich alte Zöpfe gibt, die abgeschnitten werden könnten. Wir sollten das alte Tibet nicht verklären.

Krishnamurti wollte ihn im Herbst 1984 in Delhi treffen. Es gab bereits einen fest vereinbarten Termin. Doch dann wurde in der Nacht zuvor seine Freundin Indira Gandhi ermordet und sofort das Kriegsrecht verhängt. Es hätte mich brennend interessiert, wie dieses Gespräch ausgegangen wäre. Ich weiß von Freunden, dass Krishnamurti den Dalai Lama bitten wollte, kraft seiner Autorität den ganzen Ritualismus im Tibetischen Buddhismus zu streichen. Das ist wieder typisch für den radikalen Erneuerer Krishnamurti. „Vergesst diese alten Rituale. Macht euch frei davon. Alles Vergangenheit. Alles alte Zöpfe. Wir benötigen sie heute nicht mehr!"

Krishnamurti ist zwei Jahre später gestorben, und so kam kein Treffen mehr zustande. Es wäre ein einmalige Begegnung gewesen. Der Dalai Lama hatte ja früher schon über ihn gesagt: „Eine große Seele. Eine große Verwirklichung!" Zwei authentische Menschen. Zwei große Mystiker. Zwei verwirklichte Seelen – und zwei völlig verschiedene geistige Ansätze. Wahrscheinlich liegt in beiden eine Berechtigung; und nur aus einer höheren Perspektive zeigt sich vielleicht eine Synthese.

JH: Das Beispiel des Dalai Lama belegt, auf welche Weise die großen Mystiker der Vergangenheit und der Gegenwart eine lebendige Inspirationsquelle sind. Als ich meine ersten Vorträge hielt, ich war gerade Mitte zwanzig, da habe ich ausschließlich aus meiner inneren Anbindung und aus meiner Hellsichtigkeit gesprochen. Damals war es schon eine große Herausforderung für mich, in diesem jungen Alter die Botschaften der Engel weiterzugeben.

PM: Ich kann mir gut vorstellen, dass Du damals eine gehörige Portion Mut gebraucht hast, um Deine Aufgabe zu erfüllen.

JH: Ich sollte Vorträge für Menschen halten, die ja zumeist viel älter als ich waren. Aber es fügte sich so, und wenn du die Liebe, dieses Angekommensein und dieses Verständnis für das Leben einmal erfahren hast, dann gibt es keinen Schritt zurück mehr. Es geht trotz aller Ängste nur voran, und der Mut und das Urvertrauen überwiegen. Es gibt ja wunderbare Synchronizitäten, und so fiel mir damals ein Interview mit dem Dalai Lama in die Hand, in dem er bekennt, dass er selbst im Alter noch nervös und aufgeregt sei, wenn er vor einem großen Publikum sprechen müsse. Dann mache er sich bewusst, dass es ja nicht um ihn gehe. Es gehe nicht um seine Person und sein Ego. Es gehe um die Botschaft der Liebe. Dann begebe er sich in diesem Bewusstsein auf die Bühne – und alles sei leicht.

Von diesen Worten habe ich mich inspiriert gefühlt. Ich bin dann auch mit dem Mitgefühl und der Liebe zu den Menschen auf die Bühne gegangen, getragen von der Kraft der Engel. Das war, aus meiner Ungewissheit heraus, für mich ein großer Schritt nach vorne. Doch die bedingungslose Liebe hat mich getragen. Das war der Beginn meiner Berufung mit Mitte zwanzig.

Doch die bedingungslose Liebe hat mich getragen.

Der Liebe zu vertrauen und sich verbunden zu fühlen, öffnet die Augen dafür, dass es im Leben nicht um irgendeine Person geht, sondern um Liebe und Menschlichkeit. Einfach Mensch zu sein. Wenn sich dann etwas als schwierig erwies, dann schloss ich die Augen, ging nach innen und verband mich mit der großen mystischen Kraft. Ich versuchte, dem göttlichen Geheimnis der Schöpfung zu folgen und meine innere Kraft zu erspüren. In dieser Kraft fühlte ich mich getragen und konnte meinen Weg gehen.

Es geht nie um etwas Persönliches. Es geht immer um die Botschaft der Liebe. Jeder kann diese Botschaft in seinem Inneren vernehmen. Wenn wir aus dieser inneren Kraft leben, werden wir immer wieder erfahren: „Das Soziale ist das Heilige!" Dann leben wir nicht für uns, sondern für das große Miteinander. Unterschiedlichkeiten sind dann kein Grund mehr für Konflikte, sondern für Freude an der Vielseitigkeit der Schöpfung. Das Göttliche offenbart sich ja gerade durch die Vielfalt. Gotteserfahrung ist gelebte Menschlichkeit. Dafür sind wir auf der Erde inkarniert, um diese Kraft zu verwirklichen. Geliebte Menschlichkeit ist stets frei von Dogmen, sie ist erfüllt von Liebe und Freiheit.

Das Göttliche offenbart sich ja gerade durch die Vielfalt.

PM: Dazu passt eine inspirierende Aussage von Martin Buber: „Der wahre Ort der Verwirklichung ist die Gemeinschaft; und wahre Ge-

„Der wahre Ort der Verwirklichung ist die Gemeinschaft; und wahre Gemeinschaft ist die, in der sich das Göttliche zwischen den Menschen verwirklicht."

meinschaft ist die, in der sich das Göttliche zwischen den Menschen verwirklicht."

JH: Wunderschön. Das sind exakt auch meine Gedanken. Möge sich diese Begegnung in der Gemeinschaft in vielen Leben ereignen.

9.

Orientierung im Leben

JH: Nicht Worte sind wichtig; nicht Verständnis ist wichtig; wichtig ist das Spüren einer allumfassenden Liebe. Das Schlüsselwort für mich lautet: Emotionale Intelligenz! Das heißt nicht, kopflos durch die Welt zu laufen, sondern aus einem liebevollen Empfinden, aus geistiger Klarheit heraus sein Leben zu meistern. Man kann aus einem Urvertrauen heraus seine Ziele verfolgen und spüren, wie sich der eigene Lebensweg entfaltet. Außerdem sollte man auf die vielen kleinen himmlischen Zeichen achten. Kennst Du solche „Zeichen“ in Deinem Leben? Mir fällt natürlich sofort unsere Begegnung ein, die dieses Buch ermöglicht hat.

Nicht Worte sind wichtig; nicht Verständnis ist wichtig; wichtig ist das Spüren einer allumfassenden Liebe.

PM: Ich sehe auch immer die wunderbar gefügten Begegnungen oder die Inspirationen, die plötzlich aufleuchten. Auch die Idee von meiner Frau Katarina, uns für dieses Buch zusammenzubringen, war sicher so ein besonderer Moment. Ich kann als Verleger und Schriftsteller ohnehin nur ständig dankbar sein, wie sich die Dinge zusammenfügen. Manchmal entstehen Bücher in einem Moment.

JH: Wie darf ich das verstehen?

PM: Eines meiner Bücher ist einmal am See Genezareth entstanden, genau an jenem Ort, an dem Jesus vor über 2000 Jahren seine „Bergpredigt" gehalten hat. Ich saß im warmen Wind und blickte auf den See, da kam mit einem Windhauch das ganze Buch. Das klingt jetzt vielleicht etwas pathetisch; aber es geschah tatsächlich so. Als mich dieser Wind umhüllte, war das gesamte Buch da. Vollständig! Ich musste es nur noch niederschreiben.

JH: Du wurdest vom Heiligen Geist berührt!

PM: Ich zögere immer etwas, ein so großes Wort zu verwenden. Aber vielleicht wirkt dieser GEIST ja auch im Kleinen. Ich habe diesen Moment tatsächlich als eine echte Inspiration empfunden. Es war vielleicht ein „heiliges Geistlein".

JH: Deine Erfahrung zeigt uns doch, wie wichtig es ist, mit einem offenen Herzen und ganz unvoreingenommen durch die Welt zu schreiten. Das größte Hindernis für dieses Christus-Licht, diese mystische Kraft, diesen Heiligen Geist oder die Inspiration der Engel ist für mich ein starres, rationalisierendes Bewerten von Gut und Böse.

PM: Du meinst das duale Denken?

JH: Ja. Das duale Denken im Gegensatz zu einem ganzheitlichen, integrierenden Ansatz. In der Emotionalen Intelligenz ist das Göttliche vorhanden, in der Über-Rationalisierung drohen wichtige Werte verloren zu gehen, was zu einer Ent-Menschlichung führt.

PM: Wenn Du davon sprichst, muss ich ausnahmsweise Rudolf Steiner anführen, der mir sonst nicht wirklich nahe steht. Steiner hat vor rund hundert Jahren davor gewarnt, dass wir in eine Epoche hineingeraten, in der die Technisierung zu einer Entmenschlichung führen wird. Er sah hinter diesem Geschehen starke Kräfte wirken. In der Anthroposophie steht dafür der Name „Ahriman". Er versucht, über die Maschine, über die Technisierung den Menschen an die Materie zu binden. Wenn wir heute sehen, in welchem Ausmaß Algorithmen über das Leben von Menschen bestimmen, und zwar in allen Lebensbereichen, dann sind wir wohl schon in einem bedrohlichen Moment der Geschichte angekommen. Wir müssen uns ernsthaft fragen, ob noch der Mensch, die Menschlichkeit an erster Stelle steht oder die digitalen Vorgaben schon primär sind. Der Mensch tritt gegenüber dem Digitalen in den Hintergrund. Er wird geradezu in-

Der Mensch tritt gegenüber dem Digitalen in den Hintergrund. Er wird geradezu instrumentalisiert – zumindest überall dort, wo finanzielle Interessen im Vordergrund stehen.

strumentalisiert – zumindest überall dort, wo finanzielle Interessen im Vordergrund stehen. Wir dürfen diese Gefahr nicht länger ignorieren!

JH: Ich stimme Dir ganz zu. Alles hat seine zwei Seiten; und auch der Mystiker darf diese Realität nicht übersehen. Das Positive an der Digitalität sehe ich allerdings darin, dass wir über Zeit und Raum hinweg in Verbindung treten können. Wir können so auch Botschaften übermitteln – das ist die gute Seite.

PM: Technik an sich ist wertfrei.

JH: Ja, nur durch die Handhabung wird etwas gut oder schlecht. Daher sollte bei der digitalen Erziehung immer wieder das Menschsein in den Vordergrund gestellt werden. Ich versuche meiner Tochter zu erklären, dass im Digitalen eine Informationsquelle liegt, aber kein Beziehungsersatz. Die Liebe ist nur in der tatsächlichen Welt spürbar, in der digitalen finden sich nur Informationen.

> Die Liebe ist nur in der tatsächlichen Welt spürbar, in der digitalen finden sich nur Informationen.

PM: Wenn wir über Erziehung sprechen, kommt mir immer wieder mein Grundschullehrer in Hannover in Erinnerung. Der war gütig, gerecht, verständnisvoll und humorvoll. Und er war eine natürliche Autorität, die gleichberechtigt neben den Eltern stand. Ich habe natürlich keine Ahnung mehr, was der uns damals beigebracht hat, aber seine wunderbare Ausstrahlung und sein großartiger Charakter sind mir auch heute, sechzig Jahre später, noch ganz präsent.

Wenn man einen solchen Lehrer hat, dann ist das ein echtes Geschenk. So eine Persönlichkeit lässt sich unter gar keinen Umständen durch digitales Lernen ersetzen. Diese lebendige Begegnung zwischen Lehrer und Schüler ist wahrhaft segensreich. Es gibt sicher auch Menschen, die besser nicht Lehrer geworden wären, das kann ich aus eigener Erfahrung bestätigen, aber wenn ich mir vorstelle, Schule hätte vor dem Computer stattgefunden… Schrecklich!

JH: Kinder wie auch Erwachsene benötigen echte Sinneserfahrungen, denn nur darüber entfalten sich die schöpferische Kraft, die Persönlichkeit und auch die Seele. Das Technische kann nur begleiten, es kann das Zwischenmenschliche niemals ersetzen. Wie revolutionär auch immer sich unsere Welt entwickeln mag, unsere Grundbedürfnisse nach Nähe, nach Liebe und Miteinander bleiben immer gleich. Wenn meine Tochter mit all ihren digitalen Neuerungen, mit den neuesten Apps und Videos kommt, dann frage ich sie immer: „Hat dich dieses Video weitergebracht?“ Sie antwortet mir dann gelegentlich, es müsse nicht alles Sinn ergeben, manchmal genüge schon etwas Spaß. Natürlich hat sie da Recht. Man darf sich auch einmal nur unterhalten lassen. Man darf aber auch hinterfragen, ob die Technik die Lebensqualität gefördert hat.

Kinder wie auch Erwachsene benötigen echte Sinneserfahrungen, denn nur darüber entfalten sich die schöpferische Kraft, die Persönlichkeit und auch die Seele.

Der Mensch ist ja entwicklungsfähig, vor allem in seiner Liebeskraft. Da liegt eine göttliche Gnade. Deshalb bin ich zuversichtlich, dass die Menschheit ihre Herausforderungen meistern wird. Achtsamkeit und das Beachten von Werten sind außerordentlich wichtig. Die moderne Mystik sucht auch nach Orientierung im alltäglichen Leben, in den Beziehungen und in der Spiritualität. Das erwachende neue Bewusstsein bedarf liebevoller Werte. Sie sind unverzichtbar für unsere mystische Reise.

PM: Was Du hier über Werte und Bewusstsein gesagt hast, erschließt sich vorrangig über menschliche Begegnungen.* Ich halte es für ausgeschlossen, dass sich über digitalen Austausch irgendetwas Feineres transportieren lässt. Esoterisch gesprochen, würde ich sagen, in der Begegnung schwingt immer auch das „aurische Feld" meines Gegenübers mit. Dieses Feld transportiert die eigentliche Botschaft. Wir kennen es doch aus der spirituellen Literatur oder aus eigenem Erleben: In der Gegenwart eines wirklich großen Lehrers lösen sich Probleme auf, ohne dass sie überhaupt angesprochen wurden. Fragen wurden beantwortet, ohne überhaupt gestellt worden zu sein!

In der Gegenwart eines wirklich großen Lehrers lösen sich Probleme auf, ohne dass sie überhaupt angesprochen wurden.

Man hat oft in Gegenwart solcher Persönlichkeiten das Empfinden, alle Probleme seien gelöst, alle Fragen beantwortet. Doch

* Vgl. dazu: Peter Michel/Viktoriya Chmilenko, Lieben können wir nur analog, Amerang 2021

dann geht man nach Hause, der übliche Alltagstrott läuft wieder an – und alles ist wie immer. Das beweist doch, dass in der Begegnung von Mensch zu Mensch etwas Wichtiges mitschwingt. Der Erwachte, dem du gegenüber sitzt, ordnet deine Aura, ohne einen Beitrag von dir. Allein seine Geordnetheit bewirkt das. Ich glaube nicht, dass dieses mystische Geschehen auch über ein digitales Medium transportierbar ist.

JH: Ich höre solche Erfahrungsberichte allerdings auch bei meinen Live-Vorträgen oder Webinaren. Da werden Menschen zu Tränen gerührt. Da fehlt Dir vielleicht ein wenig Erfahrung. Auch über diese Schiene entsteht ein Gefühl von Verbundensein und Geliebtwerden.

PM: Das muss ich einfach so stehen lassen.

JH: Ich hatte auch meine Zweifel, bevor ich es selbst erlebt habe. Es ersetzt natürlich tatsächlich nicht die persönliche Begegnung, aber es ist eine gute Alternative. Zudem gibt es viele Menschen, die so krank sind, dass sie nicht zu einem spirituellen Lehrer fahren können. Für sie ist dieser Weg die einzige Möglichkeit für Kontakt, für Verbundenheit und Wachstum.

PM: Das muss man unbedingt berücksichtigen.

JH: Natürlich muss man immer wach sein, hinterfragen und überprüfen, ob etwas nachvollziehbar, umsetzbar und vertrauenswürdig ist. Man muss die Technik und die Menschen anschauen und sich fragen: Ist das stimmig? Das Hinterfragen ist gerade eine Qualität des Mystikers. Sie hilft uns, frei zu leben und das Bestehende, das uns vielleicht unglücklich macht, auf die Probe zu stellen.

Ich höre ja im persönlichen Gespräch oft sehr seltsame Aussagen: „Wir sind verflucht. In unserer Familie gab es noch nie eine glückliche Ehe; daher habe auch ich eine unglückliche Ehe." Meine Güte! Das hat nichts mit einem Fluch zu tun, viel eher mit einer Selbstprogrammierung. Wer sich immer wieder sagt, er sei nichts wert, der zieht auch einen Partner an, dem er nichts wert ist. Man trägt solche negativen Muster immer weiter und akzeptiert sie letztlich sogar, weil sie eine gewisse Sicherheit vermitteln. Das führt direkt ins Elend. Im Jenseits muss man dann seine Irrtümer erkennen.

PM: Man versteht, dass es nur das eigene Programm, nur die eigenen Gedanken waren.

Im Jenseits muss man dann seine Irrtümer erkennen.

JH: Hier hilft die Mystik, Licht ins Dunkel zu bringen.

PM: Die Einsichten der Mystiker haben viel dazu beigetragen, den Menschen die Kraft ihres eigenen Denkens vor Augen zu führen. Sie helfen mit, die eigenen Gedankenformen aufzulösen. Was ich kraftvoll aussende, kommt auch kraftvoll zu mir zurück. Das Resonanz-Gesetz wirkt da unbestechlich und präzise.

Wenn von dem vielen Geld, was in der Pharma-Branche für Medikamentenforschung ausgegeben wird, nur ein Bruchteil in die Placebo-Forschung gesteckt würde, dann wäre es um die Heilung in unseren Ländern weitaus besser bestellt. Man rechnet in der Forschung mit 25% Placebo-Effekt, aber dieser „Effekt" wird nicht genauer untersucht. Es ist mir ein Rätsel, warum hier nicht intensiver geforscht wird. Vielleicht ist es die Angst, das eigene Weltbild aufgeben zu müssen.

> Was ich kraftvoll aussende, kommt auch kraftvoll zu mir zurück.

JH: Heißt es nicht: Wer heilt, hat Recht? Vielleicht müsste das alles mit der Offenheit und unschuldigen Neugier eines Kindes angegangen werden? Es fehlt wohl das Vertrauen in das Leben.

PM: Es fehlt auch an dem Vertrauen, das zu akzeptieren, was geschieht. In dem Wissen, dass alles Geschehende zum Guten gereicht. Ich sehe manchmal in meinen Vorträgen in erstaunte Gesichter, wenn ich den Zuhörern sage, sie müssten sich zwischen zwei Weltbildern unterscheiden. Es gäbe keinen Mittelweg!

Entweder sie glauben, dass alles Zufall ist. Zur falschen Zeit am falschen Ort. Dumm gelaufen. Pech gehabt. Fuß unters Auto gehalten; Blumentopf auf den Kopf bekommen. Oder sie wählen das andere Modell. Alles geschieht gemäß einer göttlichen Ordnung. Auch das sogenannte Glück oder Pech fügt sich in diese Ordnung ein. Es sind, wie es so schön heißt, auch die Haare auf dem Kopf eines Sperlings gezählt. Da kann es keinen Zufall geben; denn hinter allem, was geschieht, waltet eine sinnhafte Intelligenz, eine liebevolle göttliche Ordnung. Wenn ich das mit voller Überzeugung bejahen kann, dann lebe ich ein ganz anderes Leben. Es gibt nur diese zwei Welterklärungsmodelle. Es gibt kein Dazwischen. Für eines muss man sich entscheiden. Diese Entscheidung liegt in der Freiheit jedes Einzelnen. Je nach Entscheidung führt man ein geistig erfülltes und glückliches oder ein vom Zufall getriebenes, unglückliches Leben. Einmal muss jeder diese Entscheidung fällen.

Auch das sogenannte Glück oder Pech fügt sich in diese Ordnung ein.

JH: Bei vielen Menschen arbeitet ja nachts das Unterbewusstsein. Da wirken die alten Programmierungen, die Schocks und Ängste. Kaum ist man im neuen Tag angekommen, geht die Routine schon wieder voll los. Deshalb ist es so wichtig, sich morgens auf den Tag einzustimmen und zu meditieren. Nur in seiner göttlichen Seele findet man die Antworten, die man für jeden neuen Tag benötigt. Es gilt, sich immer wieder neu auf das göttliche Licht einzustimmen. Sich wieder leer zu machen für die göttlichen Impulse. Das ist das bewusste Ja zur göttlichen Kraft. Die Re-Fokussierung auf die Liebe.

Hinter allem, was geschieht, waltet eine sinnhafte Intelligenz, eine liebevolle göttliche Ordnung.

Wenn ich im Alltag in einen Konflikt gerate oder mich angegriffen fühle, dann ist es meine Aufgabe, tief zu atmen und mich auf meine liebevolle Philosophie zu besinnen. Wenn ich mich getroffen fühle, dann kann ich daraus lernen, noch tiefer zu lieben, mich noch inniger mit der Kraft der Wahrheit in mir zu verbinden. Daraus entsteht Mitgefühl mit mir und letztlich Mitgefühl zu den anderen. Wenn ich mit den Augen eines anderen schaue, dann erkenne ich leichter, wie die Dinge oder Worte gemeint waren.

Wenn ich mich getroffen fühle, dann kann ich daraus lernen, noch tiefer zu lieben, mich noch inniger mit der Kraft der Wahrheit in mir zu verbinden.

Unsere Schattenseiten begleiten uns ein Leben lang. Sie werden jedoch allmählich kleiner, ganz klein. Sie bleiben gerade noch groß genug, um uns daran zu erinnern, Mitgefühl mit anderen zu haben, die mit ihren Schatten noch zu kämpfen haben. Es geht immer um Menschen, nie um Perfektion.

PM: Diejenigen, die schon vollkommen sind, sind nicht mehr hier. Wir, die wir noch hier sind, haben also offensichtlich noch immer an unserer Vervollkommnung zu arbeiten. Nach meiner Überzeugung gibt es nur die Welt in der göttlichen Ordnung. Es liegt allein an uns, ob wir diese Ordnung übernehmen oder gegen sie arbeiten – bewusst oder unbewusst. Auch wenn in meinem Leben scheinbar alles schiefgelaufen ist, das reine Chaos geherrscht hat – dann vollzog sich auch das innerhalb der göttlichen Ordnung. Problematisch wird es erst dann, wenn du die Unordnung nicht auf dich beziehst, sondern sagst, mir ginge es ja gut, wenn dieser oder jene nicht wären.

JH: Der Täter-Opfer-Gedanke!

PM: Ja, das Täter-Opfer-Spiel. Wobei ich es schon als äußerst problematisch empfinde, wenn wir in die Politik oder in die Wirtschaft blicken. Bauen wir einen Spielplatz oder eine Tierversuchsanstalt? Arbeiten wir ökologisch oder sprühen wir weiterhin Glyphosat? Wenn du dann in einem Entscheidungsgremium sitzt und dir gegenüber hocken Leute, von denen du genau weißt: Die wollen nichts Gutes! Dann ist es eine echte Herausforderung, weiterhin liebevoll zu bleiben. Da dürfte ich manchmal nicht Deine hohen moralischen Anforderungen erfüllen. Wenn ich zu solchen Themen etwa Leserbriefe verfasse, dann zeichnen diese sich schon durch eine gewisse Deutlichkeit in der Wortwahl aus. Vielleicht fehlt es mir doch noch an der allumfassenden Menschenliebe…

JH: Klarheit ist aber auch wichtig!

PM: Klarheit schon, aber wie ist es mit Polemik? Ist ein wenig Polemik noch erlaubt? Ist Polemik noch liebevoll? Ich bezweifle, dass ich da der höchsten Vollkommenheit entspreche oder nur meinen eigenen höchsten Ansprüchen genüge.

JH: Das ist eine interessante Fragestellung. Grundsätzlich sollte ein Mystiker das Täter-Opfer-Spiel durchschauen. Er sollte ein weiser Beobachter und mit seiner emotionalen Intelligenz ein Visionär der Zukunft sein. Auf dem Weg dorthin spielen Gefühle natürlich eine wichtige Rolle. Wer seine Gefühle zu gestalten weiß, der gestaltet auch sein Schicksal. Gleichzeitig sollte man auch nicht ein braves Schaf sein, das zu allem Ja und Amen sagt.

Ich kenne Situationen aus meinem Leben, da war ich aufgerufen, Grenzen zu setzen. Ich hatte einmal mit einer Frau zu tun, die nicht nur übergriffig gehandelt hat, sondern auch unsozial. Da musste es ein deutliches Nein geben; denn dies war angebracht. Da reagierte die Dame dann sehr empört. Ich sei schließlich spirituell, da müsse ich mir alles gefallen lassen. Noch böser hätte man es wohl nicht ausdrücken können.

Wer seine Gefühle zu gestalten weiß, der gestaltet auch sein Schicksal.

PM: Das ist die absolute Perversion dessen, was wir unter Spiritualität verstehen.

JH: Ja, das ist absolute Manipulation. Das habe ich ihr gegenüber dann auch klar zum Ausdruck gebracht. Spiritualität beinhaltet auch, klar Ja oder Nein zu sagen, wo es erforderlich ist. Das kann ganz im Einklang mit der Liebe geschehen.

PM: Ein klares Nein kann ja trotzdem ein liebevolles Nein sein.

JH: Auch in der Erziehung gehört ein liebevolles Nein dazu. Wenn mein Kind, übertrieben gesagt, meint, es müsse aus Freiheit von einem Berg herunterspringen, dann ist ein deutliches Nein aus Liebe erforderlich.

PM: Ein handfestes Nein.

JH: Ein ganz handfestes Nein. Ein klares Nein oder eine oppositionelle Haltung sind keinesfalls unspirituell. Klarheit und Wahrheit manifestieren die Erzengel-Michael-Kraft. Auch Konfliktfähigkeit und Kritikfähigkeit sind für eine lebenstüchtige Inkarnation erforderlich – genauso wie Lösungsfähigkeit.

PM: Dazu vielleicht eine trickreiche Frage. Martin Buber schreibt in einem seiner Werke, er könne kein Christ sein, weil er nicht bereit wäre – im jesuanischen Sinne – auch die andere Wange hinzuhalten.

Ein klares Nein oder eine oppositionelle Haltung sind keinesfalls unspirituell.

JH: Soweit kommt's noch!

PM: Diese und einige andere Passagen sind ja durchaus umstritten. Helmut Schmidt sagte einmal, mit der „Bergpredigt" könne man kein Land regieren. Ich kann Buber durchaus verstehen.

JH: Spiritualität bedeutet doch nicht, sich unter den Scheffel des anderen zu stellen. Das ist falsch verstandene Demut. Es geht um eine Begegnung auf Augenhöhe. Sonst landen wir wieder im Täter-Opfer-Spiel.

PM: Vielleicht ist der Satz auch nicht korrekt überliefert worden; oder wir verstehen ihn noch nicht.

JH: Oder er später ist hinzugefügt worden.

PM: Vielleicht wurde er nicht richtig überliefert. Das kann durchaus sein. Ich habe gerade, was die „andere Wange" anbelangt, großen Respekt vor den wenigen Juden gehabt, die mit armseligen Mitteln den Aufstand des Warschauer Ghettos angezettelt haben. Das war ein Akt von Menschenwürde. Das hat mich sehr beeindruckt; und es ist kein Zufall, dass sich Willy Brandt gerade dort hingekniet hat. Was für eine einzigartige Geste!

JH: Die Bereitschaft, seinem Herzen zu folgen, erfordert oft Mut. Die echte Seelenreise ist ein aufregendes Abenteuer.

PM: Man kann auf dieser Reise durchaus erheblichen Widerständen begegnen.

JH: Jede neue Idee stößt ja bekanntlich erst einmal auf Widerstand, bis sie allmählich vom Leben bestätigt wird.

10.
Der geistige Pfad

JH: Ich verstehe meine Arbeit in mancherlei Hinsicht als Hilfe zur Selbsthilfe. Ganz nach dem schönen alten Spruch: „Hilf dir selbst, dann hilft dir Gott!" Es betrübt mich, wenn ich Menschen klagen höre: „Wo war denn der Schutzengel, als mein Kind angefahren wurde?" Der Schutzengel ist immer da! Wir haben jegliche himmlische Unterstützung. Die Frage müsste eher lauten: „Wo ist der Einzelne mit seiner Aufmerksamkeit?" Es liegt vielleicht ein zu großer Schwerpunkt auf dem Materiellen oder dem Sozialen und ein zu geringer auf dem Spirituellen. Es sollte ein Grundbedürfnis sein, sich mit einer höheren Welt verbunden zu fühlen.

Der Schutzengel ist immer da! Wir haben jegliche himmlische Unterstützung. Die Frage müsste eher lauten: „Wo ist der Einzelne mit seiner Aufmerksamkeit?"

PM: Da kommt dann ein zweiter bekannter Spruch hinzu: „Der Mensch lebt nicht vom Brot allein." Physische Nahrung ist sicher elementar, aber ohne geistige Nahrung verhungert der Mensch seelisch. Daher ist ein geistiger Pfad, wie immer er aussehen mag, überlebenswichtig. In unserer Zeit scheint es mir, als hätten die Frauen das viel besser verstanden als die Männer. Es ist wieder einmal das weibliche Element in der Mystik.

Daher ist ein geistiger Pfad, wie immer er aussehen mag, überlebenswichtig.

JH: Ich stimme Dir zu, obwohl ich immer wieder feststelle, dass Frauen beispielsweise auf Kongressen einen viel schwierigeren Stand als Männer haben. Wir müssen mit größerer Tiefe und Ausdruckskraft überzeugen.

PM: Ich kann nur für mich selber sprechen und muss eindeutig feststellen, dass auf meinem geistigen Weg Frauen eine entscheidende Rolle gespielt haben. Auch die großen Frauengestalten der Geschichte rücken zurzeit deutlich in den Vordergrund: Teresa von Avila oder Hildegard von Bingen. Ganz zu schweigen vom Tantrismus, vor allem in seiner kashmirischen Tradition. Dort waren Frauen die großen Lehrmeisterinnen.

Zum Glück sind alle diese Traditionen erhalten geblieben. Das ist segensreich. Wenn ich das Ganze als Verleger betrachte, dann muss ich feststellen, dass mehr als 80% unserer Kunden Leserinnen sind. Die Frauen tragen die Spiritualität in die Familie; und über ihre Kinder bauen sie so vielleicht ein neues Seelenbewusstsein auf.

JH: Frauen verkörpern auch in stärkerem Maße die Harmonie.

PM: Um so unbegreiflicher ist es, dass sie in den meisten religiösen Traditionen benachteiligt wurden und werden. Im Judentum, im Hinduismus und im Islam haben die Frauen nicht viel zu sagen. Im Christentum kennen wir die Problematik nur allzu gut, und vom Buddhismus haben wir bereits gesprochen und die Benachteiligung der Nonnen erwähnt.

Doch seit einiger Zeit kippt diese schädliche Entwicklung. Das weibliche Element in der Mystik rückt viel stärker in den Vordergrund. Wir haben gerade ein Buch über Lalla herausgebracht, eine herausragende Sufi-Mystikerin des 14. Jahrhunderts. Eine sehr selbstbewusste junge Frau, die sich in einer von Männern dominierten Welt durchsetzte und große Anerkennung fand. Ich könnte die Liste der Beispiele noch lange fortsetzen.

Die Spiritualität der Zukunft wird weiblich sein.

Wir werden in den nächsten Jahrzehnten eine tiefgreifende Veränderung erleben. Die Spiritualität der Zukunft wird weiblich sein. Was natürlich nicht heißt, dass Männer keine Mystiker mehr sein können. Die Qualität wird sich verändern!

JH: Wir führen unser Gespräch ja in der wunderschönen Schweiz, und auch da gibt es noch viel zu tun. Das Frauenwahlrecht gibt es ja hier wirklich noch nicht lange.

Wenn ich bedenke, dass in meiner Ursprungsfamilie die hellsichtigen, heilerischen und spirituellen Fähigkeiten gerade in der Frauenlinie vertreten sind, wirft auch das die Frage auf, warum die Frauen in den mystischen Traditionen nicht als gleichberechtigt angesehen werden. Wir sprechen ja inzwischen vom „weiblichen Zeitalter"; aber warum haben Männer Frauen unterdrückt? Im Grunde unterdrückt der Mann das weibliche Prinzip in sich selbst!

PM: Ich sehe es ganz genauso. Das führt auch zu dieser immensen Aggressivität in der Politik und im gesellschaftlichen Leben.

JH: Zu dieser Ellbogengesellschaft und der inneren Vereinsamung. Erfreulicherweise beobachte ich in meinem Umfeld, dass sich dieses aggressive Ellbogen-Element heute weniger gut behaupten kann. Das Weibliche, mit seiner emotionalen Intelligenz, ist auf dem Vormarsch. Durch Klarheit, Konsequenz und Kreativität. Frauen haben mehr das Wohl des Ganzen im Auge. Sie wollen alle mit ins Boot holen!

PM: Siehst Du in diesem Zusammenhang aber auch das Gefahrenmoment, dass gerade erfolgreiche Frauen versuchen, noch männlicher als ihre männlichen Kollegen zu sein? Nach dem Motto: „Wenn du einen Ellbogen hast, so habe ich zwei!" Wenn Frauen in den Vorständen von DAX-Unternehmen noch brutaler als Männer vorgehen würden, hätten wir ja nichts gewonnen.

JH: Bei einer emotionalen Verhärtung können Frauen diesen verirrten männlichen Aspekt ebenso umsetzen wie Männer. Ich sehe das eher als Einstellungssache und nicht als eine Frage des Geschlechts. Es ist natürlich betrüblich, wenn wir das Phänomen von „Stutenbissigkeit" zur Kenntnis nehmen müssen. Ich glaube aber, wir wachsen aus dieser Phase heraus.

PM: Das wollen wir wirklich hoffen!

JH: Ich beobachte in meiner und in der folgenden Generation bereits ein weiches soziales Miteinander, in der sich das weibliche Element auch in der Spiritualität zu zeigen beginnt. Die Spiritualität, die mystischen Erfahrungen – wofür brauchen wir sie? Wir sehnen uns ja nicht danach, weil es uns in unserer Wohlstandsgesellschaft langweilig ist. Wir verspüren es als elementares Grundbedürfnis. Ich führe ein stimmiges Leben, weil es mir Orientierung schenkt. Aus dem Gefühl heraus, richtig, gut und liebevoll zu sein, trifft man richtige Entscheidungen und fühlt sich im Fluss des Lebens geborgen. Das ist es doch, worauf es uns ankommt.

Aus dem Gefühl heraus, richtig, gut und liebevoll zu sein, trifft man richtige Entscheidungen und fühlt sich im Fluss des Lebens geborgen.

PM: Wenn wir diesen geistigen Pfad, diesen mystischen Weg noch einmal historisch betrachten, dann heißt es beispielsweise in der Bibel: „Ich habe euch zuerst gerufen!" Was heißt das? Offensichtlich gibt es in unserem Herzen einen ursprünglich Ruf des göttlichen Ursprungs, aus dem wir alle einmal gekommen sind. Wir haben vielleicht verlernt, ihn zu hören, oder wir haben ihn vergessen und verdrängt. Aber er erklingt immer wieder neu, gewissermaßen jeden Augenblick neu. Je nachdem, wie deutlich du diesen Ruf vernimmst, wirst du auf deinem geistigen, spirituellen Pfad voranschreiten. Letztlich gehen wir alle zurück zu unserem göttlichen Ursprung.

Je nachdem, wie deutlich du diesen Ruf vernimmst, wirst du auf deinem geistigen, spirituellen Pfad voranschreiten.

JH: Du triffst den Nagel auf den Kopf. Folge deinem Herzen, folge deinem inneren Ruf. Das ist auch der Grund, warum wir in Buchhandlungen gehen und dort genau das Buch finden, das dort auf uns gewartet hat. Manchmal fällt es uns geradezu in die Hände oder vor die Füße.

Folge deinem Herzen, folge deinem inneren Ruf.

Andere wiederum finden den Weg in ein Seminar durch einen Ruf ihrer Seele. Weißt Du, welche Frage die Menschen am Anfang ihres geistigen Weges zuerst stellen? Was ist ein richtiges Leben? Wie kann ich richtig leben? Bin ich richtig? Sie stehen dann mit ihren Ängsten vor einem spirituellen Lehrer, vor einer Meisterin und erhoffen sich Antworten. Du sollst dieses und jenes tun, jenes und dieses lassen.

Oft fallen die Menschen dann aus allen Wolken, wenn sie mir zuhören und ich ihnen nicht sage, tue dies oder jenes. Ich mache sie stattdessen darauf aufmerksam, dass alle Antworten schon in ihren Herzen liegen. Ich stelle ihnen manchmal Gegenfragen: „Was fühlst du? Warum ist das so?“ Am Anfang werden sie durch solche Fragen etwas überfordert, aber wenn sie sich einlassen, kommt es zu Erkenntnis und einem inneren Erwachen.

PM: Das innere Reflektieren setzt ein.

JH: Wenn wir ihre Kernfragen aufgreifen, was antworten wir? Gibt es ein richtiges Leben? Gibt es richtige Entscheidungen?

PM: Ich habe ja schon den bemerkenswerten Satz von Krishnamurti zitiert: „Wenn du beginnst, jemandem zu folgen, hörst du auf, der Wahrheit zu folgen.“ Damit ist die Grundproblematik angesprochen – die menschliche Freiheit. Über Jahrtausende wurden die Menschen gezwungen, an bestimmte Dogmen zu glauben. Das wurde als Wahrheit verkündet, und wehe, man lehnte sich dagegen auf. Dann kamen das Fegefeuer und die Hölle ins Spiel. Die Menschen wagten es, von Ausnahmen der Mystiker abgesehen, einfach nicht, sich gegen diesen Machtapparat aufzulehnen.

„Wenn du beginnst, jemandem zu folgen, hörst du auf, der Wahrheit zu folgen.“

Was über die Jahrtausende an Schäden in den Seelen der Menschen angerichtet wurde, vermag man nicht einmal zu erahnen. Es ist entsetzlich und wirkt bis in die heutige Zeit nach. Wie befreiend wirkt es dagegen, wenn du erkennst, dass dein eigener

Weg der ist, der sich erst zu zeigen beginnt, wenn du losgehst. Daher sagte Krishnamurti auch: „Die Wahrheit ist ein pfadloses Land!“ Wir dürfen alle in Freiheit unseren Weg gehen – und jeder Weg ist anders. Jemand hat einmal gesagt: „Es gibt so viele Wege zu Gott wie es Menschen gibt!“

„Es gibt so viele Wege zu Gott wie es Menschen gibt!“

Es gibt in einem Indiana-Jones-Film dazu eine bemerkenswerte Szene. Indiana Jones ist auf der Gralssuche und muss im Film über einen breiten Abgrund. Es gibt aber keinen Weg oder eine Brücke. Er muss also vertrauen und den ersten Schritt ins Nichts setzen. Und es geht: Ein Weg baut sich auf. Das ist eine wunderbare Szene, welche die Worte Krishnamurtis auf vollkommene Weise illustriert.

Wenn du voller Vertrauen deinen Weg beschreitest, deinen individuellen, einzigartigen Weg, dann formt sich dieser Weg durch das Gehen. Das wäre auch die Antwort auf Deine Frage: Wenn ihr euren Weg noch nicht kennt, dann macht mutig den ersten Schritt und lasst euch von eurer Herzensweisheit führen. Dann erblickt ihr euren Weg.

Wenn man dann die ersten Wegstrecken zurückgelegt hat, trifft man andere Sucher. Dann kann man sich austauschen, weil andere Erfahrungen gemacht haben, die sich von den eigenen unterscheiden. Aber da alle auf dem geistigen Pfad unterwegs sind, können sie sich verstehen. Die Erfahrungen ihrer Mitstrebenden bereichern sie, so wie ihre Erfahrungen diese bereichern. Ich könnte deren Erfahrungen nicht erleben, weil mein Weg ein anderer ist. Sie wiederum können deshalb nicht meine Erfahrungen machen. Es ist ein gemeinsames Gehen und ein gemeinsames Sich-Gegenseitig-Bereichern, Sich-Erfüllen.

JH: Die alten Prägungen vom „richtigen Leben“ werden einem ja meistens von den Eltern eingebläut. Das sind alte Zöpfe, die man abschneiden muss: „Wenn du das tust, bist du ein braves Mädchen.“

PM: Dann kommst du in den Himmel!

JH: Leider ist es doch aber wohl so, dass wir manchmal auch noch diese alte Sätze wiederholen, in ein altes Muster zurückfallen. Ich erinnere mich, als ich vor Jahren meine Tochter vom Kindergarten abholte, wurde auch ihre kleine Freundin abgeholt. Ihre Mama begrüßte sie aber nicht mit der Frage: „Wie war es denn heute?“ Vielmehr fragte sie: „Warst du auch ein braves Mädchen?“

Wenn die Mutter ein wenig reflektiert hätte, dann hätte sie diese Frage entschlüsselt als: „Warst du auch ein überangepasstes Mädchen? Kann ich stolz sein, dass du mich nicht in Verlegenheit bringst?“

PM: Weil du nicht aufgefallen bist…

JH: … ja, so wurden wir erzogen. Man wollte sich für uns nicht schämen! Die Strafe war andernfalls nicht unbedingt Prügel, aber es gibt ja eine sehr subtile Gewalt.

PM: Meistens die viele schlimmere Form von Gewalt.

JH: Diese alten Prägungen, etwa der „strafende Gott", sitzen tief. Es ist nicht verwunderlich, wenn Menschen mit einem noch verschlossenen Herzen zu einem Lehrer aufschauen und verängstigt fragen: „Bin ich richtig?"

Diese alten Prägungen, etwa der „strafende Gott", sitzen tief.

Was ist den „richtig"? Es ist auf alle Fälle ein großer Missbrauch am Menschen, wenn man ihm vermittelt: „Du bist falsch!" Das ist genau das Gegenteil von Spiritualität. So hält man noch unerwachte Seelen in einem alten Glauben fest, indem man sie indoktriniert, der katholische, der protestantische oder welcher Glaube auch immer sei der allein richtige. Das ist schrecklicher Missbrauch, denn diese Menschen werden so todunglücklich und zweifeln immer, ob ihre Entscheidungen auch wirklich „gut" waren. Gut im vorgegebenen Sinne!

Menschen hadern dann mit ihren Entscheidungen. Eine geschiedene Ehe hatte beispielsweise nur schlechte Seiten. Gab es nie gute? Die Welt ist nur schwarz und weiß. Die Welt auf dem mystischen Pfad ist aber keinesfalls nur schwarz oder weiß. Wenn man aufwacht, erkennt man das große Regenbogen-Spektrum. Alles Aspekte gehören zum Leben. Dann erfasst man, dass es gar keine völlig falschen Entscheidungen gibt. Es gibt nur Entscheidungen, die dem jeweiligen menschlichen Reifegrad entsprechen. Im jeweiligen Moment war die Entscheidung stimmig; doch morgen kann diese Stimmigkeit sich schon anders darstellen. Das Leben ist ein Fluss, keine Sackgasse. Das zeichnet den mystischen Pfad aus.

Das Leben ist ein Fluss, keine Sackgasse.

PM: Ich bin deshalb sehr dankbar, dass wir schon vor 2000 Jahren gesagt bekommen haben: „Die Liebe steht über dem Gesetz."

JH: Woher haben wir das?

PM: Von Jesus und Paulus. Daher hat Jesus immer wieder darauf hingewiesen, der Sabbat sei für den Menschen gemacht, nicht der Mensch für den Sabbat. Der Mensch steht im Vordergrund. Seine Liebe steht im Vordergrund – nicht irgendeine gesetzliche Anordnung. Selbst wenn sie 3000 Jahre alt sein sollte. Damit hat Jesus einen revolutionären Impuls in die Welt geschickt, der bis heute nachwirkt. Auf die von ihm gelehrte liebevolle Menschlichkeit können wir noch immer aufbauen.

Du hast vorhin auch die Frage nach dem Schutzengel gestellt, wenn ein Unfall passiert. Der Engel war da, doch er hat nicht eingegriffen, weil er sah, wie wertvoll die schmerzhafte Erfahrung für den weiteren Entwicklungsprozess seines Schützlings sein würde. Es sollte sich ein tiefgreifender Umbruch und Wachstumsprozess ereignen,

Ich habe schon oft von meiner Frau gehört, wenn sie aus ihrer Praxis heimkommt, dass Menschen den Satz sagten: „Mein Krebs ist das Beste, was mir je widerfahren ist." Diese Patienten konnten rückwirkend – oder manchmal noch während des Prozesses – feststellen, dass ihre Erkrankung eine lebenswichtige Veränderung ausgelöst hatte. Ohne diese Krankheit hätten sie die Veränderung wohl nicht vollzogen.

Diesen Menschen hat natürlich niemand gesagt, sie sollten dankbar für ihren Krebs sein, Nein, um Gottes Willen! Sie kamen alle aus eigener Einsicht zu dieser Feststellung. Das zeigt uns nochmals, dass der spirituelle Weg nicht im Singen auf Wolke 7 besteht. Es spielen sich viele innere Prozesse ab, manche davon sehr schmerzhaft, aber alle mit dem Ziel, das Erwachen des Einzelnen zu fördern. Die Antike kannte einen weisen Spruch: „Per aspera ad astra – Durch rauhe Zeiten zu den Sternen." Ich glaube, die grundlegenden Gesetzmäßigkeiten des geistigen Pfades haben sich in Jahrtausenden nicht geändert.

JH: Das sind sehr berührende, zum Nachsinnen anregende Gedanken. Ein spiritueller Weg ist nicht problemfrei. Ein spiritueller Weg ist lösungsorientiert. Es ist ein intelligenter, liebevoller Weg voller Weisheit. Wir alle müssen das Leben im Vorwärtsgehen leben und im Rückschauen begreifen. Dann erfassen wir den lichtvollen Sinn in allem Geschehen.

Ein spiritueller Weg ist nicht problemfrei. Ein spiritueller Weg ist lösungsorientiert.

PM: Darf ich noch einen Gedanken aus der Kabbala anführen. Es gibt dort die Lehre, wonach du vor deiner Inkarnation mit deinem Schutzengel deinen Lebensplan entwirfst. Das heißt also, dass alles schicksalhafte Geschehen dir nicht von fremden Kräften aufgezwungen wird, sondern du hast es selbst in dein Leben eingebaut, weil du auf der „anderen Seite", bevor du in die neue Inkarnation eingetreten bist, wusstest, dass diese, möglicherweise schmerzlichen, Prozesse dich weiterbringen würden.

Bevor du in die neue Inkarnation eingetreten bist, wusstest du, dass diese, möglicherweise schmerzlichen, Prozesse dich weiterbringen würden.

Dein Schutzengel ist das letzte Gesicht, das du siehst, bevor sich deine himmlischen Augen schließen; und wenn du deine irdischen Augen am Ende des Erdenweges schließt, sind es wieder die Augen deines Schutzengels, welche du als Erstes erblickst. Dieses Bild ist so wundervoll tröstlich, dass ich zutiefst von seiner Wahrheit überzeugt bin.

JH: So wollen wir versuchen, unserem Herzen, unserer Liebe und unserem lichtvollen Seelenplan zu folgen.

11.

Die Mystik der Natur

JH: Die ganze Natur, die ganze Schöpfung ist voller Mystik. Wenn man genauer in die alten Hochkulturen schaut, beispielsweise in die keltische Tradition, dann fällt sofort auf, dass diese die Natur als das „Haus Gottes“ betrachtet haben. Die Natur war für sie der Schlüssel zum Reich Gottes, keine Regeln oder Dogmen.

Die ganze Natur, die ganze Schöpfung ist voller Mystik.

Als ich zur Vorbereitung unseres Dialoges eine Wanderung unternommen hatte, schaute ich nach oben und erblickte einen Milan, der ganz nahe über mir kreiste. Er kreiste und kreiste, und während ich ihn beobachtete, fühlte ich die Wunder der Natur und empfand mich als eins mit ihr. Ich spürte eine Gänsehaut und war zu Tränen gerührt. Es war für mich ein echtes mystisches Erlebnis. Dieses Gefühl habe ich mitgenommen in unser neues Gespräch. Was bedeutet Natur für dich? Bist du ein naturbezogener Mensch?

PM: Ich bin ein sehr mit der Natur verbundener Mensch. Ich könnte gar nicht in einem Satz zusammenfassen, was die Natur für mich bedeutet. Sie ist sicherlich ein Kraftort und eine Quelle der Inspiration. Vor allem Bäume sind für mich wahrhafte Heilungsbringer. Die Vorstellung vom „Eiche-Lehnen" oder „Bäume-Umarmen" war für mich eine Selbstverständlichkeit, Jahrzehnte bevor das ein Trend wurde.

Es gibt in Kalifornien, im Yosemite-Nationalpark, einen Teil, der sich „Giant Forest" nennt. Dort stehen die größten Redwood-Bäume der Welt. Es sind die ältesten Lebewesen des Planeten. Krishnamurti hat dieses einzigartige Paradies eine „Kathedrale der Bäume" genannt. Bevor er das Reich dieser Baumriesen betrat, fragte er jedes Mal ganz laut: „Ist es erlaubt, einzutreten?" Für ihn war es ein inneres Anliegen, gewissermaßen 'offiziell' die Erlaubnis zum Eintreten zu erhalten.

Wer den Giant Forest jemals besucht hat, der wird nachvollziehen können, was ein „Naturheiligtum" ist. Es ist jedenfalls ein ganz wundervoller Kraftort. Wir dürfen zutiefst dankbar dafür sein, dass uns in der Natur solche Plätze geschenkt werden.

Wir dürfen zutiefst dankbar dafür sein, dass uns in der Natur solche Plätze geschenkt werden.

JH: Mein Eindruck ist, dass sich einem die Natur offenbart, wenn man sich öffnet und tiefer auf ihre Geheimnisse einstimmt. Es ist ein Zur-Ruhe-Kommen, mit dem die Erkenntnis einhergeht, dass die Natur bedingungslos und uneingeschränkt liebt.

PM: Ich empfinde es genauso.

Die Natur umhüllte uns auf vollkommene Weise.

JH: Man sollte sich angewöhnen, mit keiner Jahreszeit zu hadern, sondern sich in den Fluss des Lebens zu begeben. Diese Einstimmung ist entscheidend für jede mystische Naturerfahrung. Es war auch die Natur, welche mir immer wieder Kraft schenkte in schwierigen Lebenssituationen, etwa bei der Geburt meiner Tochter. Die Natur umhüllte uns auf vollkommene Weise.

PM: Man könnte vielleicht sagen, die Elemente sind bei ihrem ersten Atemzug in den kleinen Körper Deiner Tochter eingezogen?

JH: Genauso würde ich es ausdrücken. Als ich mit Anfang zwanzig an den Bodensee kam, ein reines Stadtkind, habe ich meine geistigen Fähigkeiten noch gar nicht hinterfragt und auch nicht darüber gesprochen. Ich nahm an, jeder besäße solche Gaben.

PM: Das ist ein klassisches Phänomen bei Menschen, die über besondere spirituelle Gaben verfügen. Die Annahme, jeder müsse doch solche Fähigkeiten besitzen.

JH: Ich habe mich in dieser Zeit häufig auf die Rigi zurückgezogen. Dieser Berg in der Schweiz hat eine besonders hohe Schwingung. Es war für mich wie ein Nachhausekommen. Dort habe ich zum ersten Mal verstanden, was der Ausdruck „Mutter Erde“ bedeutet.

PM: Ich denke, man würde den Ausdruck „Geborgenheit“ wählen.

JH: Ja, richtig! Ich spürte zum ersten Man in meinem Leben energetische Wurzeln. Damals bemerkte ich, wie unverwurzelt ich im damaligen sozialistischen System in Russland war. In der Hektik der Großstadt mangelte es an Spiritualität und an feinstofflichen Kräften. Die Fastenzeit auf der Rigi hat mir gleichsam die Himmel geöffnet. Alles wurde still, und ein Gefühl von lebendiger Unendlichkeit stieg in mir auf. Ich konnte die Naturwesen erblicken und beobachten, wie die Zwerge an der Natur arbeiteten. Ich konnte ihr Vorgehen verstehen und begriff, warum Maler sie mit Zwergenmützchen gemalt hatten. Es gab offensichtlich schon immer Menschen, welche diese Wesen gesehen haben. Diese Grundschwingung der Erde, dieser verborgene Harmonie, wird ja auch in Volksliedern und Gedichten überliefert.

Alles wurde still, und ein Gefühl von lebendiger Unendlichkeit stieg in mir auf.

Während ich mit meinem Mann wanderte, verspürte ich eine nicht-physische Präsenz. Dann sah ich in der Ferne eine Lichtgestalt, eine Lichtgestalt in weiblicher Form, die ein Kerzengefäß trug. Zumindest würde ich es so beschreiben. Ich sah sie häufig, und eines Tages nahm ich Kontakt zu ihr auf und fragte sie: „Wer bist du?“ Ich habe dann in der Stille des Herzens von ihr erfahren, dass sie ein Berggeist war – die Wächterin der Rigi.

Diese wunderbaren Wesen sind weitaus größer, als ihre manifestierte Form vermuten lässt. Sie umfassen den ganzen Berg. Auch die Naturwesen zeigen uns nur ihre komprimierte Form, damit wir sie erfassen können. Sie hüten das große Wissen dieses Ortes. Die Hüterin der Rigi bat die Naturwesen, uns an eine bestimmte Stelle des Berges zu führen. Ich verharrte dort, und mein Blick ging in die Weite, in die Seelenlandschaft, auf die Majestät der Berge.

Letztlich öffneten sich die Himmel, und mein Bewusstsein wurde eins mit einer unbeschreiblichen Lichtsphäre. Als ich mich darin umblickte, sah sie aus wie eine strahlende Bibliothek aus Licht. In diesem Licht empfing ich eine Botschaft: „Du wirst Bücher schreiben; und du darfst dir hier deine Inspiration holen.“ Da ich zu diesem Augenblick noch kein einzige Buch geschrieben hatte, nahm ich an, ich müsse wohl einfach nur abschreiben. Ich ergriff ein Buch, öffnete es – konnte aber keine menschliche Schrift erkennen. Es war alles pures Licht – und dieses Licht floss in mein Herz hinein. Mit diesem Licht kam ein starkes, tiefes Empfinden von Wissen. Da verstand ich, dass ich meine Lebenserfahrungen machen musste, damit ich das himmlische Wissen mit meinem Erdenleben in Einklang bringen konnte. Es ging darum, das göttliche Wissen der Akasha-Chronik, der göttlichen Bibliothek, in konkrete Worte zu fassen.

Ich habe dann auf der geistigen Ebene geantwortet, ich würde, wenn sie das wollten, Bücher schreiben, obwohl ich nicht die geringste Ahnung hatte, wie das gehen sollte. Als dann ein paar Jahre später sich die Gelegenheit bot, Bücher zu schreiben, habe ich das Angebot ergriffen. Ich schöpfe mein ganzes kosmisches Wissen aus dieser Quelle der Natur. Von dort beziehe ich die Inspiration, von der ich im Kommunismus, der Welt ohne Märchen, Elfen und Zwerge, nichts wissen durfte. Aus der Natur nehme ich die Gewissheit, mit der ganzen Schöpfung verbunden und ein Teil von ihr sein zu dürfen.

Aus der Natur nehme ich die Gewissheit, mit der ganzen Schöpfung verbunden und ein Teil von ihr sein zu dürfen.

PM: Kennst Du die Geschichte von Findhorn?

JH: Ja, das sagt mir etwas.

PM: Findhorn ist von Peter und Eileen Caddy und Dorothy Maclean begründet worden. Dorothy besaß auch so eine tiefe Verbindung zu den Naturwesen und zu den Pflanzendevas. Sie alle sind in das Abenteuer Findhorn mit großer Unschuld hineingeraten. Sie hatten zuvor in einem Hotel gearbeitet und waren entlassen worden. Sie landeten dann in zwei kleinen Wohnwagen in einem sandigen Gebiet im Norden Schottlands.

Ich will hier nicht die lange und schier unglaubliche Geschichte Findhorns erzählen, aber es kam jedenfalls dazu, das sie mithilfe der Devas und Naturwesen auf einem Sandboden, wo nichts als Grasbüschel wuchsen, einen Paradiesgarten erschufen, mit Zucchinis, die riesig waren, und mit Blumenkohlköpfen, wie es sie in solcher Größe noch nie gegeben hatte. Dorothy Maclean hat über diese Zeit ein inspirierendes Buch geschrieben: „Du kannst mit Engel sprechen".*

Dorothy erging es ähnlich wie Dir: Sie hatte vorher auch noch nie ein Buch geschrieben. Es floss einfach in sie hinein und begeisterte Hunderttausende von Lesern. So wuchs Findhorn allmählich und wurde zum Urbeispiel für die Verbindung von Mensch-Natur-Naturgeister. Der Gemüsegarten bekam einen legendären Ruf, als sogar die BBC zwei große Berichte darüber brachte. Natürlich gab es jede Menge Streit, weil die „Landwirtschaftsexperten" behaupteten, solche Ergebnisse könne man auf diesem Boden nicht erzielen. Doch jeder, der den Findhorn-Garten besuchte, konnte sie mit eigenen Augen sehen. Und Findhorn besteht auch heute noch!

JH: Da sieht man, was ENERGIE ausmacht!

PM: Es war absolut faszinierend! Ein bis heute detailliert dokumentiertes Zusammenwirken von Menschen und Naturwesen, das aufzeigt, was möglich ist, wenn diese beiden Reiche kooperieren.

---

* Dorothy Maclean, Du kannst mit Engeln sprechen, Grafing 2021

JH: Bist Du selbst schon in Findhorn gewesen?

PM: Ja. Ich war in Findhorn und arbeite auch seit vielen Jahren mit Findhorn Press zusammen, dem Verlag der Gemeinschaft. So sind schon etliche ihrer Bücher bei uns auf Deutsch veröffentlicht worden. Zuletzt ein ganz außergewöhnliches Werk des vierten Mannes, der zu Dorothy und den Caddys hinzustieß: Robert Ogilvie Crombie, genannt ROC. Er war derjenige, der die berühmt gewordene Verbindung zu Pan aufgebaut hat, dem Hüter der Naturwesen. * Crombie hat durch seine Veröffentlichung ein ganz neues, weitaus umfassenderes Bild jener Wesen gezeichnet, die wir in Form von Elfen oder Zwergen vielleicht ein wenig zu lieblich wahrnehmen. Die Geschöpfe, mit denen er in Kontakt kam, waren mächtig und einflussreich. ROC fragte einmal Pan, ob die Naturwesen die Macht besäßen, die Menschen vernichten zu können. „Leicht", lautete die Antwort. Wir müssen uns vielleicht von der Vorstellung verabschieden, es mit „lieblichen Wesen" zu tun zu haben. Das sind alles immens machtvolle Geschöpfe, die den göttlichen Plan für die Natur erfüllen. Besäßen sie nicht solche gewaltigen schöpferischen Kräfte, würden wir die Natur, wie wir es gerade beschrieben haben, nicht als so segensreich und stärkend erleben. Wir dürfen durch solche Publikationen lernen, eine hohe Achtung vor diesen mächtigen Wesen zu entwickeln.

Wir müssen uns vielleicht von der Vorstellung verabschieden, es mit „lieblichen Wesen" zu tun zu haben.

* Robert O. Crombie, Der Mann, der mit den Elfen sprach, Grafing 2019

JH: Wenn Du davon berichtest, verspüre ich einen unglaublichen Ruf. Es gibt ja auch wunderbare Plätze in England, alte heilige Orte. Die frühen Architekten wussten noch über Kräfte und Plätze Bescheid. Die Klöster und Kathedralen wurden an besonderen Stellen errichtet. Wenn ich auf Reisen bin, versuche ich immer, diese Kapellen, Kirchen, Klöster, Pilgerorte und Kraftplätze zu besuchen. Ich vertiefe mich dann im Gebet und in der Meditation in die Heiligkeit des Ortes und versuche, die Einheit mit Gott zu spüren. Ich achte auch die besondere heilige Kraft des jeweiligen Platzes und versuche, die einzigartige Qualität herauszufinden. Ist es ein Marien-Ort? Ist es ein Ort des Trostes? Ist es ein Kraftort oder eine Stätte des Christus-Lichtes? Ist es ein Ort der Hoffnung? Welche Information ist hier in der Natur gespeichert?

Manche Plätze tragen schwere Energie, wenn beispielsweise an diesem Ort kriegerische Handlungen vorgefallen sind. Die Information ist überall in der Natur gespeichert. Ich schaue auf die Devas, die Naturwesen und die vorhandenen Heilpflanzen. Naturgeister und Heilpflanzen sind eng verbunden. Dies alles enthüllen uns mystische Erfahrungen.

Naturgeister und Heilpflanzen sind eng verbunden. Dies alles enthüllen uns mystische Erfahrungen.

PM: An dieser Stelle würde ich gerne einen Wunsch äußern. Viele Menschen haben inzwischen von diesen heiligen Kraftplätzen gehört, was zu einem „Kraftplatz-Tourismus“ geführt hat. Sie laufen gedankenlos herum und schießen ununterbrochen Photos. Sie vergessen dabei völlig, den Geist des Ortes zu würdigen.

Es wäre mein großer Wunsch, die Besucher um mehr Respekt vor der Heiligkeit dieser Plätze zu bitten.

Wenn ich auf so bekannte Orte wie Stonehenge oder Glastonbury in England schaue, dann gewinne ich inzwischen den Eindruck, als würden sich die dort vorhandenen Kraftfelder tagsüber geradezu zurückziehen, um erst am Abend, wenn die Massen weitergezogen sind, zurückzukehren. Man sollte solche Orte daher am Morgen oder am Abend besuchen. Wobei das ja auch vielleicht nicht weitergesagt werden sollte…

Das Gleiche gilt auch für die Heilungsorte in den inneren Ebenen.* Man möchte allen, die sich in diese Ebenen und Sphären begeben, zurufen: „Achtet diese Plätze und segnet sie. Erfüllt sie durch eure Gebete wieder mit der Kraft, die ihr von ihnen empfangen habt." Durch diesen „Segen der Dankbarkeit" können diese Plätze wieder aufgeladen werden. Glücklicherweise werden sie auch aus dem Engelreich wieder aufgefüllt, andernfalls würden sie irgendwann entleert sein. Der Mensch sollte für diese Geschenke aus dem Reich der Natur dankbar sein und sich immer bemühen, sie auch wieder aufzuladen.

JH: Geben und Nehmen sollten stets in Balance gehalten werden. Oftmals betrachten wir Menschen uns als so bedürftig, dass wir vergessen, DANKE zu sagen. Wir vergessen, durch unseren Segen und unsere Liebe diesem Ort Wertschätzung zu schenken und ihn so wiederaufzuladen.

* Vgl.: Katarina und Peter Michel, Das universelle Heilungsfeld, Grafing 2016

PM: Dazu fällt mir noch ein, dass man in einer Untersuchung herausgefunden hat, dass 90% der menschlichen Gebete Bittgebete sind, nur 10% dagegen Dankgebete. Das scheint mir ein wenig unseren Zeitgeist zu entlarven. Die Bedürftigkeit steht dermaßen im Vordergrund, dass das Danken für das Empfangene in den Hintergrund rückt. Wir sollten vielleicht zumindest ein Verhältnis von 50:50 anstreben.

JH: Auch von Extremsportlern werden solche außergewöhnlichen Erfahrungen berichtet. Bergsteiger etwa schildern mystische Erfahrungen, wenn sie nach großen Entbehrungen endlich auf dem Gipfel standen. Etliche kehren dann transformiert von einer solchen Expedition zurück.

Die Natur bietet in ihrer Stille auch die Möglichkeit, sich neu zu erden. Man sagt spirituellen Menschen ja gerne nach, sie hätten die Bodenhaftung verloren. Bei manchen Meditationserfahrungen scheint mir tatsächlich ein gewisser Realitätsverlust nicht ganz ausgeschlossen. Es gilt daher, stets achtsam zu sein, dass keine schizophrenen Züge entwickelt werden. Das geschieht, wenn Menschen in der Meditation, ohne sich zu erden, nur in die geistige Anbindung gehen und sich in astralen Welten wie im Drogenrausch verlieren. Dann wird natürlich der Alltag für sie zu einer Qual, weil sie eben nicht mehr geerdet sind. Geist und Materie müssen harmonisch ausgeglichen sein.

Die Natur bietet in ihrer Stille auch die Möglichkeit, sich neu zu erden.

PM: Du sprichst damit ein altes Gesetz an: Der Mystiker muss die Beine auf dem Boden und den Kopf im Himmel haben. Wenn er nur den Kopf im Himmel hat, tritt das ein, was Du gerade beschrieben hast. Diese Menschen verlieren die Orientierung. Ich sehe das auch in unserer Verlagsarbeit häufig, dass Menschen durch zu frühe Einblicke in eine höhere Sphäre in eine Art Verblendung geraten, weil ihnen eine erforderliche Ausbildung fehlt. Da kommen Leute von *einem* Workshop, haben dazu noch „The Secret" gelesen und meinen, sie seien jetzt Esoteriker und könnten eigene Kurse geben.

Würdest Du zu einem Zahnarzt gehen, der nur einen Wochenend-Kurs besucht hat? Natürlich nicht! Niemand würde es tun! Auch der spirituelle Weg ist ein langer, mühevoller Weg. Du musst viel lernen und viel überwinden. Du hast viele Prüfungen zu bestehen. Erst wenn man alle diese mühsamen Schritte absolviert hat, dann kann man loslassen. Loslassen im tiefsten Sinne. Was will man denn loslassen, wenn man gerade einmal einen Kurs besucht hat? Nein, da steht ein langes Streben und Bemühen vor dem wirklichen Loslassen, bevor man sich dem Göttlichen übergeben kann. Ein normales Studium kann man nach einer gewissen Zeit abschließen. Das Studium auf dem esoterischen Pfad ist ein lebenslanges!

Ein normales Studium kann man nach einer gewissen Zeit abschließen. Das Studium auf dem esoterischen Pfad ist ein lebenslanges!

Auch Mozart oder Beethoven konnten ihre genialen Kompositionen erst dann erschaffen, nachdem sie Klavierspielen gelernt hatten. Das Genie mag sich in der Tat mit manchen Dingen leichter tun – weil es sie bereits in früheren Inkarnationen erlernte. Du benötigst für alles eine gründliche Ausbildung, dann kann der Genius dich inspirieren. Sich hinzusetzen und zu sagen, ich warte jetzt mal auf den Genius, geht nur in den seltensten Fälle gut.

JH: Das ist eine gefährliche Haltung. Daher fehlt es in der 'esoterischen' Szene häufig an Authentizität. Authentisch ist man ja nicht dadurch, dass man irgendein Diplom vorweisen kann, sondern durch seine verwirklichte Menschlichkeit. Wenn man im Urvertrauen verankert ist, wird man nicht mehr abheben oder vor seiner Verantwortung davonlaufen. Auch im meditativen Leben sollte man auf Struktur und Regelmäßigkeit achten. Sonst besteht zu leicht die Gefahr, irgendwann abzuheben. Ein echter meditativer Zustand ist erst dann erreicht, wenn man sich zugleich geerdet fühlt und in den Bauch atmen kann. Dann ist man der Welt nicht entrückt.

PM: Sonst reitet man wieder auf dem rosaroten Einhorn!

JH: Oder auf irgendeinem anderen! Für mich sind drei Kriterien auf dem mystischen Pfad entscheidend: Lebensfreude, Tiefgründigkeit und Verantwortungsbewusstsein. Schließlich wird niemand vom Blitz getroffen und ist dann ein Mystiker. Es geht immer um das reale Leben!

Für mich sind drei Kriterien auf dem mystischen Pfad entscheidend: Lebensfreude, Tiefgründigkeit und Verantwortungsbewusstsein.

„Wenn du einen Schritt vorwärts machen möchtest in der Entwicklung deiner geistigen Fähigkeiten, dann mache zuerst drei in der Entwicklung deines Charakters zum Guten."

PM: Ich bin kein großer Fan von Steiners Anthroposophie, aber es gibt einige bemerkenswerte Aussagen von ihm über die Gesetzmäßigkeiten des geistigen Pfades, die ich außerordentlich schätze. Die erste lautet: „Wenn du einen Schritt vorwärts machen möchtest in der Entwicklung deiner geistigen Fähigkeiten, dann mache zuerst drei in der Entwicklung deines Charakters zum Guten." Das erscheint mir ein ganz grundlegendes Gesetz zu sein.

Die zweite lautet: „Wenn du nicht bei der ersten Begegnung mit deinem verehrten Lehrer mit zitternden Knien vor seiner Tür gestanden hast, dann fehlen dir Demut und Ehrfurcht, und du wirst auf deinem geistigen Weg keinen Fortschritt machen." Das empfinde ich auch als eine tiefe Beobachtung des menschlichen Wesens.

Ich kann mich noch genau an exakt die gleiche Situation erinnern, die Steiner schildert. Ich traf als sehr junger Mann auf eine medial außerordentlich begabte Dame, die in Versen verfasste „Lebensweiser" schrieb. Ich besuchte sie das erste Mal in Köln, wo sie wohnte. Ich klingelte. Sie machte die Tür auf. Als ich sie sah, schoss mir blitzartig das Wort in den Sinn: „Eine Ahnfrau!" Ein Abbild einer uralten weisen keltischen Frau, mit zerfurchtem Gesicht und der Weisheit der Jahrtausende.

Ich habe viel von ihr gelernt. Sie war eine der ersten prägenden spirituellen Persönlichkeiten in meinem Leben; und ich weiß noch heute, wie ich vor ihrer Tür gestanden habe. Was erwartet mich hier? Wem werde ich jetzt begegnen? Und dann trat diese uralte weise Frau in die Tür. Das ist jetzt fast eine halbes Jahrhundert her; aber ich sehe sie noch heute!

Diese Erfahrungen sind auch wichtig, um sich immer wieder zu sagen, da gibt es so viele Menschen, die auf dem PFAD viel weiter vorangeschritten sind als du selbst. Von denen kannst du lernen. In Demut lernen! Was du von diesen großen Seelen lernst, das darfst du dann wieder weitergeben an diejenigen, die von dir lernen. Das ist die *Goldene Kette*! Mit der einen Hand empfange ich, mit der anderen gebe ich weiter. Und dieser Prozess geht bis ins Unendliche. Das sollte man sich immer vor Augen halten. Wenn man nicht zuerst empfangen würde, dann könnte man gar nichts weitergeben.

Mit der einen Hand empfange ich,
mit der anderen gebe ich weiter.

JH: Alle Kreativität, alle Talente, seien es Musik, Gesang, Tanz oder was auch immer, führen zu mystischen Erfahrungen. Auch Yoga oder andere Übungen, mit denen man sich selber findet, sollte man mit einem kritischen Blick betrachten. Wie gut ist mir die Meditation bekommen? Was kann ich vielleicht verändern? Warum war sie gut oder nicht gut? Es geht darum, sich selbst zu überprüfen, sich kennenzulernen, sich zu hinterfragen und Phantasie von Erkenntnis zu unterscheiden. Es geht um Nachvollziehbarkeit, Umsetzbarkeit und Vertrauen. Dann wird man erkennen: Die Liebe heilt.

„Gott schläft im Stein.
Er atmet in der Pflanze.
Er träumt im Tierreich.
Er erwacht im Menschen.“

Ich schätze die alte Weisheit: „Gott schläft im Stein. Er atmet in der Pflanze. Er träumt im Tierreich. Er erwacht im Menschen.“ Für mich drückt dies die Einheit allen Lebens aus. Himmel und Erde wollen sich verbinden und Ausdruck finden. Auch dies bringt zum Ausdruck: Die Liebe heilt.

12.

Das Seelenbewusstsein der Neuen Zeit

JH: Wenn wir auf ein neues Bewusstsein schauen, bewegen uns bestimmte Fragen: Was gibt uns Orientierung im Leben? Was wollen uns die alten Weisen und Meister an Licht- und Sinnvollem auf dem Weg mitgeben? Was hat uns geprägt? Was macht uns jetzt aus? Wo und wie geht es weiter?

Unsere zentrale Kraft ist natürlich die Liebe! Die Liebe ist die Brücke zu allem und jedem. In der Liebe finden wir jene Essenz, die uns Antworten auf alle unsere Fragen liefert, die versöhnt und heilt. Wie siehst Du diese Fragen?

Die Liebe ist die Brücke zu allem und jedem.

PM: Ich finde, sie alle gipfeln in der ganz konkreten Frage: Was können wir uns unter „Seelenbewusstsein in der Neuen Zeit" vorstellen? Kennen wir Menschen, von denen wir sagen können: Diese Persönlichkeiten haben das Seelenbewusstsein bereits verwirklicht. Ich habe beispielsweise meine Krishnamurti-Biographie „Ein Mensch der Zukunft" betitelt. Sie ist ja lange vor unserem Dialog verfasst worden, aber sie trifft in allen Punkten die Anforderungen, die wir an dieses neue Seelenbewusstsein stellen.

Warum ist Krishnamurti ein Mensch der Zukunft, ein Mensch mit Seelenbewusstsein? In seinem Leben waren stets zwei Qualitäten bestimmend: Freiheit und Liebe. Er ist jedes Jahr einmal um den Globus gereist und hat auf allen Kontinenten zu unzähligen Menschen geredet – und immer wieder über diese beiden Themen gesprochen. Er hat die Menschen berührt, und viele wurden verwandelt – ich darf mich selbst auch dazuzählen.

Wenn man genauer auf das Leben dieses außergewöhnlichen Mannes schaut, dann findet man detaillierte Beschreibungen eines tiefgreifenden Transformationsprozesses, der sich bis auf die Zellebene erstreckt. Es ist faszinierend, daran teilhaben zu dürfen – etwa in Krishnamurtis „Notizbuch" – wie ein Mensch der Zukunft diese innere Verwandlung erlebt.*

Wenn Du bei Dir selbst schaust, wirst Du wahrscheinlich ähnliche Prozesse durchlebt haben oder sie über Deine Hellsichtigkeit auf der inneren Ebene erschaut haben?

JH: Was meine eigene Biographie betrifft, kann ich jeden Satz, den Du zu Krishnamurti gesagt hast, nachvollziehen. Ich kann mich in vielen seiner Erfahrungen, natürlich auf mein Leben zugeschnitten, wiederfinden. Es gibt immer individuelle Unter-

* Krishnamurti, Das Notizbuch, Grafing 2021

schiede, aber der Weg geht in die gleiche Richtung. Es wirkt überall dieselbe KRAFT.

Es wirkt überall dieselbe KRAFT.

Wenn ich in meinen Seminaren die Teilnehmer betrachte, dann kann ich auch bei ihnen erkennen, dass sie sich bewusst um das Gute bemühen und sich auf den verwandelnden Prozess der Liebe einlassen. Sie suchen dabei alle ihren individuellen Weg. Dabei geht es nicht um schnellere oder langsamere Fortschritte, sondern um die, welche für den Einzelnen gerade jetzt machbar sind.

Dabei geht es nicht um schnellere oder langsamere Fortschritte, sondern um die, welche für den Einzelnen gerade jetzt machbar sind.

Blicke ich auf die Menschheit als ganze, dann sehe ich auch, dass sie insgesamt freier wird. Das sehen wir auf politischen und sozialen Feldern. Der Geist der Freiheit beginnt, den diktatorischen Autoritäten zu widersprechen. Der Einzelne möchte auf politischem, religiösem und sozialem Feld selber Verantwortung übernehmen. Man muss dann leider feststellen, dass manche mit dieser Freiheit überfordert sind und wieder rassistische oder totalitäre Parteien wählen, weil sie einfache Antworten, möglichst nach schwarz und weiß aufgeteilt, suchen. Trotzdem überwiegen eindeutig die positiven Entwicklungen; und es ist wichtig, dieses Gute zu unterstützen.

Wir zielen ja in diesem Buch auch darauf ab, diese freiheitlichen Bestrebungen, vor allem im Spirituellen, zu fördern und zu unterstützen. Es geht nicht um dogmatische Religion, sondern um die Stärkung der Ich-Kraft in unseren Herzen. Es geht um unseren Selbstwert und die Freiheit, die in den demokratischen Ländern gewährleistet sind. Es ist so überaus wertvoll, im Frieden zu leben – aber es ist keine Selbstverständlichkeit. Darum ist es so wichtig, dass wir uns alle für Menschlichkeit, für ein liebevolles Miteinander, für das Verbindende und für demokratische Werte einsetzen. Es geht darum, klar zu denken und konsequent zu handeln, um den eingeleiteten lichtvollen Prozess auch weiterhin zu unterstützen.

Es geht darum, klar zu denken und konsequent zu handeln, um den eingeleiteten lichtvollen Prozess auch weiterhin zu unterstützen.

PM: Der sich auf einer inneren und auf einer äußeren Ebene abspielt.

JH: So ist es. Daher geht es nicht um Stammtischparolen, sondern um die Übernahme von Verantwortung, indem man etwa Entscheidungsträger wird. Dann erkennt man, was Realpolitik wirklich ist. Ich habe da ein tiefes Grundvertrauen in die Entwicklung der Menschen. Sie lernen, sich mehr zu engagieren und in einem friedvollen Sinne so zu handeln, dass diese Welt gut bleibt und auf sozialem, wirtschaftlichem, ökologischem und pädagogischem Gebiet Fortschritte erzielt. Es steht und fällt alles mit dem Einzelnen!

PM: Krishnamurti sagte dazu, dass die Erweiterung des Bewusstseins im Einzelnen zugleich eine Erweiterung des Ganzen ist. Zugespitzt formuliert: „Du bist die Welt.“ Keiner ist getrennt vom Ganzen. Daher vollzieht die Veränderung, die der Einzelne leistet, zugleich eine Veränderung in der Menschheit. Das ist keine billige „Urbrei-Mystik“, sondern die Erkenntnis, dass alles mit allem verbunden ist, ohne sich irgendwie aufzulösen.

„Du bist die Welt.“

JH: Ich spüre diese Veränderung, wenn ich in vielen Zuschriften von den Prozessen lese, die meine Bücher bei meinen Lesern angestoßen haben. Und diese Prozesse sind ansteckend! Jeder von uns muss in gewisser Weise ein Leuchtturm in der äußeren Welt sein. Das beginnt bereits im Kleinsten.

In der Corona-Zeit ging es beispielsweise darum, sich nicht auf das Leiden auszurichten, sondern nach vorne zu schauen. Ein Mystiker denkt langfristig und blickt auf das große Bild. Alles Leiden ist vergänglich. Was nicht vergänglich ist, ist unser Seelenbewusstsein. Wir sollten uns darauf ausrichten und uns vor Panik oder Aggression hüten. Wenn wir nicht achtsam sind, erziehen wir eine Generation von ängstlichen Menschen heran.

PM: Die von diesen Ängsten nachhaltig geprägt sind.

JH: Die irgendwann erwachsen und depressiv sind. Die nicht gelernt haben, mit Krisen umzugehen, sondern Krisen als Anlass nehmen, um sich zu ängstigen. Ich versuche in Krisenzeiten konzentriert nach innen zu gehen und dort Antworten und Inspiration zu suchen. Ich folge dem inneren Anruf meiner geistigen Führung. Dann ergeben sich so wunderbare Dinge wie neue Seminare oder unser Dialogbuch. Das Leben bleibt immer im Fluss, unabhängig von irgendwelchen Krisen.

Ich setze mich auch manchmal mit meiner Tochter hin und diskutiere mit ihr die aktuellen Probleme. Wir sprechen über mögliche Lösungen oder neue Ideen. Sie ist beispielsweise in der digitalen Welt viel besser zu Hause als ich.

Kinder lernen ja auch sehr stark durch Nachahmung. Sie verfügen über große Nachahmerkräfte. Sie lernen durch Beobachtung, nicht durch Geschwätz. Sie pflegen das Motto: An ihren Taten werdet ihr sie erkennen. Sie sind überzeugt, dass das Leben unser Vertrauen nicht erst verdienen muss, sondern dass Vertrauen etwas ist, was man dem Leben schenkt. Daraus ergibt sich dann das Lebensprinzip: Wir können zwar nicht immer bestimmen, was auf uns zukommt, aber wir können entscheiden, wie wir damit umgehen. Anders ausgedrückt: Wir können den Wind nicht verändern, aber entscheiden, wie wir das Segel setzen wollen!

Wir können den Wind nicht verändern, aber entscheiden, wie wir das Segel setzen wollen!

Dieser Satz drückt aus, dass wir durch Vertrauen kreative Kräfte freisetzen können. So entfaltet sich die mystische Weisheit bereits in einem jungen Menschen, in jeder einzelnen Seele. Dann kommt wieder das Bild vom „Leuchtturm“ ins Spiel. Auch in Krisenzeiten, wenn den jungen Menschen in gewisser Hinsicht ein Jahr ihres Lebens, ihrer Jugend weggenommen wird, gilt es, das Beste aus der Situation zu machen. Ihre Zeit wird kommen. Doch schon jetzt ist es wichtig, ein Leuchtturm zu sein. Den Optimisten gehört die Welt!

Doch schon jetzt ist es wichtig, ein Leuchtturm zu sein. Den Optimisten gehört die Welt!

PM: Den letzten Satz möchte ich noch einmal aufgreifen. Er ist von elementarer Bedeutung in einer Zeit, in der das „Angstfeld“ überall um sich greift. Die Angst lähmt alles! Panik. Mutante. Intensivstation. Beatmungsgerät. 80.000 Tote. Solche Nachrichten lösen bei den meisten Menschen Hoffnungslosigkeit und Verzweiflung aus. Ich halte diese unsägliche Nachrichtenflut, die ausschließlich pessimistisch geprägt ist, für Innenweltverschmutzung!

JH: Sie verschließt den Blick auf das Ganze.

PM: Sie verschließt vor allem den Blick auf das Positive, auf das, was Hoffnung schenken könnte. Statt dessen heißt es: Wir müssen wohl alle fünf Monate neu zum Impfen. Wir werden wohl nie mehr so verreisen können wie früher. Die gute alte Zeit kommt nie wieder. Wir werden wohl nie mehr zu einem großen Konzert gehen können. Ich könnte die Aufzählung so lange fortsetzen, bis alle erschöpft auf dem Boden liegen und stöhnen: Oh Gott, was erzählt dieser Michel da. Das ist ja furchtbar!

Doch genau das geschieht in unseren Ländern. Täglich. Wöchentlich. Schon seit über einem Jahr! Man fragt sich zwangsläufig, wie lange die Menschen das wohl noch aushalten. Wie wird es ausgehen? Ich bin natürlich zutiefst überzeugt, dass hinter all diesem seltsamen Geschehen ein verborgener Sinn waltet – auch wenn ich ihn noch nicht erkenne. Wir werden diese Krise, wie unzählige frühere auch, überwinden und gestärkt daraus hervorgehen. Es wird ein Licht daraus geboren werden, das wir noch nicht erschauen, das aber am Ende strahlend leuchten wird.

Ich bin natürlich zutiefst überzeugt, dass hinter all diesem seltsamen Geschehen ein verborgener Sinn waltet.

JH: Ich bin ebenfalls davon überzeugt, auch durch die Botschaften der Engel. Die Menschheit wird sich immer weiterentwickeln. Das Gute obsiegt immer. Zudem schenkt eine lichtvolle Lebensphilosophie die Kraft, mit dieser sich ausbreitenden Angst umzugehen und sich nicht in dieses Angstfeld aufsaugen zu lassen. Stattdessen gilt es, sich in das universelle Feld der Liebe einzuschwingen.

Das Gute obsiegt immer.

PM: Nimmst Du das bewusst so wahr, wenn Du nach innen gehst?

JH: Dafür muss ich nicht einmal nach innen gehen. Diese Schwere, diese gesellschaftliche Schwere ist physisch spürbar. Du begegnest ihr auf der Straße und siehst, wie die Furcht, die Angst die Menschen verändert.

PM: Aber das andere Feld ist auch da.

JH: Natürlich! Und deshalb ist es so wichtig, sich darauf einzustimmen.

PM: Das andere Feld ist das stärkere. Darauf gilt es zu vertrauen.

JH: Mir hilft dabei auch ein Satz von Krishnamurti, den ich gelesen habe, als ich Mitte zwanzig war: „Da, wo Angst ist, will Liebe erwachen." Dieser Satz hat mein Bewusstsein nachhaltig verändert. Anfänglich habe ich die Angst als Feind wahrgenommen; jetzt sah ich in der Angst eine Sinnhaftigkeit, eine neue Chance. Ich wurde neugierig. Irgendwo hinter der Angst musste die Liebe sein. Und so ging mein Weg noch tiefer nach innen.

„Da, wo Angst ist, will Liebe erwachen."

Krishnamurtis Satz löste eine ganze Kettenreaktion aus. Ich verstand, dass Angst und Liebe, wie Yin und Yang, beide zum Leben gehören. Von der Angst führt eine Brücke zur Liebe: Durch Erkenntnis. Durch Verständnis. Durch Vergebung. Durch Vertrauen. Durch Mut – und durch Loslassen.

PM: Letztlich dient alles der Bewusstwerdung.

JH: Dem Erwachen zur Liebe.

PM: Nur wenn wir uns der Begrenzungen bewusst werden, können wir sie überwinden. Wenn wir wissen, dass es ein Angstfeld gibt, das von uns allen gespeist wird, dann können wir es genau anschauen und die Ängste erkennen. Erst wenn wir sie exakt sehen, können wir sie zurückweisen, indem wir sagen: „Dies sind nicht meine Ängste. Ich gebe sie in das Vertrauensfeld zurück und gehe in die universelle Liebe. Von dieser Liebe aus stelle ich mich allen Herausforderungen."

Von dieser Liebe aus stelle ich mich allen Herausforderungen.

Natürlich gibt es Krankheiten. Natürlich gibt es Unfälle. Und natürlich gibt es den Tod. Das gibt es alles. Aber dahinter liegt dieses liebevolle Feld, das uns voller Vertrauen trägt. Aus ihm kommen wir und dorthin kehren wir einst zurück. Was auch immer dazwischen geschehen mag. Dieses Feld ist die entscheidende Kraft hinter den Dingen.

JH: Das hast Du sehr schön gesagt. Danke! Es ist schon erstaunlich, wie ein einzelner Satz oder ein Blick unsere Seele wachsen lassen kann. Du hast Krishnamurti noch persönlich erlebt. Wie mag er auf Dich gewirkt haben, wenn mich schon ein einzelner Satz so bewegt hat?

PM: Es war eine bemerkenswerte Begegnung. Ich habe ihn im Juli 1985 in Saanen in der Schweiz kennengelernt. Er ist dann am 17. Februar 1986 gestorben. In den sieben Tagen im Berner

Oberland habe ich wie in einem höheren Bewusstsein gelebt. Das lässt sich heute kaum angemessen in Worte kleiden. Ich war damals so überwältigt, dass ich danach eine Biographie über ihn geschrieben habe, die aus dieser Begeisterung entstand und in der alles wunderbar war. Nach vielen Jahren der Beschäftigung mit diesem außergewöhnlichen Menschen habe ich dann noch eine zweite Biographie verfasst, die dann auch den kritischen Anforderungen entsprach, die man normalerweise an eine Biographie stellt.*

Diese Woche im Sommer 1985 war, das darf ich noch heute so festhalten, einer der Höhepunkte meines Lebens. Wir haben dann später bei uns im Verlag diese Vorträge herausgebracht – und ich habe mich gewundert. Wie konnten diese Reden Krishnamurtis mich so verändern. Da musste es noch etwas anderes gegeben haben. Krishnamurti hat mehrfach gesagt, wenn er gehe, würde alles gehen. Ich weiß nicht genau, was er mit dieser Aussage gemeint hat, aber offensichtlich manifestierte sich etwas durch ihn, was weitaus größer und mächtiger war als die Person, durch die es sich manifestierte. Ich habe versucht, dieses ES in meinen Biographien über Krishnamurti einzugrenzen. Ein schwieriges Unterfangen. Dieses ES übersteigt unser Bewusstsein bei Weitem.

Es war auf alle Fälle ein Einrücken in ein erleuchtetes Feld. Wenn man sich darauf einließ, was ich wohl damals tat, dann wurde man durch dieses Feld angehoben. Weit über das eigene geisti-

* Peter Michel: Krishanmurti – Ein Mensch der Zukunft, Grafing 2007

ge Niveau hinaus. Das war ein unbezahlbares Geschenk; und es dürfte kaum zu ermessen sein, was Krishnamurti im Laufe seines Lebens an Gutem geleistet hat. Mancher mag wohl damals das Gefühl gehabt haben, für Augenblicke dem Himmel ganz nahe gewesen zu sein; ein anderer hat alle seine Fragen beantwortet bekommen, obwohl er sie gar nicht gestellt hatte.

JH: Da geschehen kleine Wunder.

PM: Ich denke, Du kannst nachvollziehen, was in solchen Augenblicken mit dem Körper geschieht, was da für Kräfte fließen. Krishnamurti war nach seinen Vorträgen meist erschöpft, weil ungeheure Energien durch seinen Körper geströmt waren.

JH: Diese Erfahrung bildet einen guten Abschluss für unseren Dialog. Sie verdeutlicht auf wunderbare Weise, was wir unter dem Seelenbewusstsein einer Neuen Zeit verstehen. Es ist die Verbindung zum Mystischen, zum Göttlichen, das uns in die vollkommene Liebe führt.

Unsere gemeinsame Reise endet hier; aber das Ende ist nur der Anfang für die nächste Reise.

Weiterführende Bücher

Dorothy Maclean

DU KANNST MIT ENGELN SPRECHEN

Dorothy Maclean beschreibt auf bewegende Weise, welche wundersamen Erfahrungen sie in der Begegnung mit den Engeln durchlebt und wie sich so ihr gesamtes Weltbild wandelt. Sie schildert sowohl ihre anfängliche Unsicherheit in der Gegenwart leuchtender Himmelswesen als auch die beglückenden und erfüllenden Erlebnisse in einer höheren Wirklichkeit.

Wer dieses Buch mit dem Herzen liest, wird bewusster durch die Natur wandern, aufmerksamer in seinem Garten arbeiten und sorgfältiger auf seine Ernährung achten. Er wird zudem auch sein Auto und alle seine technischen Geräte liebevoller behandeln – denn die Engel erwecken die Erkenntnis für die Einheit allen Lebens. Ein Handbuch für eine kommende Zeit, das Augen öffnet und neue Wege für ein sinnvolles und bewusstes Leben weist.

ISBN 978-3-89427-307-1

Peter Michel

KRISHNAMURTI – EIN MENSCH DER ZUKUNFT

Eine Biographie über den radikalsten spirituellen Lehrer der Neuzeit, die eine Fülle bisher unveröffentlichter oder unzugänglicher Quellen berücksichtigt. Von seiner „Messias-Periode" bis in die Zeit seines erleuchteten Wirkens im Alter schildert dieses Werk das einzigartige Leben eines erwachten Menschen, der mit Fug und Recht als ein „Mensch der Zukunft" bezeichnet werden darf!

Zusätzlich zu der biographischen Abhandlung beinhaltet das Buch einen umfassenden Überblick über die wichtigsten Lehren Krishnamurtis, so dass sich ein Gesamtbild von Leben und Lehre dieses außergewöhnlichen spirituellen Meisters ergibt.

ISBN 978-3-89427-374-3

Weiterführende Bücher

Peter Michel
CHRISTUS – DAS LICHT DER WELT

Es ist ein seltsamer Prozess im spirituellen Leben der westlichen Welt, dass viele Suchende – vielleicht aus persönlichen Enttäuschungen heraus – sich auf ihrer geistigen Neuausrichtung zuerst einmal gen Osten wenden. Yoga und Buddhismus scheinen vielversprechendere Angebote zu erhalten als die christliche Tradition.

Auch die Autoren haben solche Erfahrungen gemacht und sich daher auf eine neue Suche begeben – nach den spirituellen Wurzeln der christlichen Mystik und nach ihren Repräsentanten in Geschichte und Gegenwart.

Das Ergebnis ihrer Suche ist ein tiefer Einblick in einen weitgehend in Vergessenheit geratenen Kosmos mystischer Erfahrungen, die eher als „Kosmisches Christentum" bezeichnet werden könnten. Die großen Seherinnen und Seher, die in zweitausend Jahren christlicher Geschichte oft im Verborgenen wirken mussten, weil sie sonst um Leib und Leben zu fürchten hatten, hinterließen ein Werk, das eine völlig andere, lichtere, höhere Dimension christlicher Weisheit offenbart, als bisher bekannt war.

So enthüllt dieses Buch ein wahrhaft tiefes Bild christlicher Mystik, das den Erkenntnissen der östlichen Weisheitstraditionen gleichberechtigt zur Seite treten kann. Es leuchtet aus den Zeilen dieses Werkes ein LICHT, das alles Leben von innen her zu erhellen vermag!

ISBN 978-3-89427-840-3